经济管理探索
与工商管理实践应用

张 英 杨洪雁 吴娇娇 主编

哈尔滨出版社
HARBIN PUBLISHING HOUSE

图书在版编目（CIP）数据

经济管理探索与工商管理实践应用 / 张英，杨洪雁，

吴娇娇主编 . —— 哈尔滨 : 哈尔滨出版社，2025. 2.

ISBN 978-7-5484-8307-6

Ⅰ . F2

中国国家版本馆 CIP 数据核字第 2024ML0796 号

书　　名：**经济管理探索与工商管理实践应用**
JINGJI GUANLI TANSUO YU GONGSHANG GUANLI SHIJIAN YINGYONG

作　　者：张　英　杨洪雁　吴娇娇　主编
责任编辑：赵　芳
封面设计：周书意

出版发行：哈尔滨出版社（Harbin Publishing House）
社　　址：哈尔滨市香坊区泰山路82-9 号　　邮编：150090
经　　销：全国新华书店
印　　刷：捷鹰印刷（天津）有限公司
网　　址：www.hrbcbs.com
E-mail：hrbcbs@yeah.net
编辑版权热线：(0451)87900271　87900272

开　　本：787mm × 1092mm　1/16　印张：11　字数：178千字
版　　次：2025 年 2 月第 1 版
印　　次：2025 年 2 月第 1 次印刷
书　　号：ISBN 978-7-5484-8307-6
定　　价：58.00 元

编委会

前　言

在21世纪的全球经济版图中，经济管理与工商管理作为推动社会进步与经济发展的两大核心动力，其重要性日益凸显。随着全球化的深入发展、信息技术的飞速迭代以及市场环境的日益复杂化，传统的经济管理模式与工商管理理论面临着前所未有的挑战与机遇。《经济管理探索与工商管理实践应用》一书的写作，正是基于这样的时代背景，旨在深入探索经济管理的最新理论前沿，同时聚焦工商管理领域的实践应用，为读者提供一套既具前瞻性又接地气的知识体系。

经济管理作为一门研究如何有效配置和利用有限资源以实现经济目标的学科，其研究范畴广泛，涵盖了宏观经济政策、微观经济行为、金融市场分析、国际贸易理论等多个维度。在全球经济一体化加速的今天，经济管理的任务愈发艰巨，它要求我们在复杂多变的全球经济环境中，精准把握经济规律，科学制定经济政策，有效应对各种经济风险和挑战。本书通过梳理经济管理的最新研究成果，力求为读者呈现一个全面、深入且动态的经济管理知识框架。

工商管理作为经济管理的重要分支，专注于组织层面的管理与运营，旨在通过高效的组织架构设计、科学的决策制定、灵活的市场营销策略等手段，提升组织的竞争力和盈利能力。在激烈的市场竞争中，工商管理实践不仅要求管理者具备扎实的理论基础，更需要他们具备敏锐的市场洞察力、卓越的领导力和强大的执行力。本书通过大量的案例分析、实战经验分享，深入剖析了工商管理在不同行业、不同情境下的应用策略，为读者提供了丰富的实践指导和启示。

本书围绕"经济管理与工商管理"这一主题，由浅入深地阐述了管理理论的形成与发展、经济管理的基础理论、经济管理的理论依托，系统地论述了工商管理理论的宏观探究、工商管理理论的微观阐释、工商管理实践应用探索等内容，以期为读者理解与践行经济管理探索以及工商管理实践应用提供有价值的参考和借鉴。本书内容翔实、条理清晰、逻辑合理，在撰写的过程中注重理论性与实践性的有机结合，适用于从事经济管理与工商管理相关工作的专业人士。

目　　录

第一章　管理理论综述

第一节　管理理论的形成与发展

管理理论作为一门研究如何高效组织资源以实现组织目标的学科，其发展历程跨越了多个世纪，经历了从萌芽到成熟，再到不断创新的多个阶段。这一过程不仅反映了人类社会生产力的发展，也深刻影响了全球商业实践的格局。笔者将重点探讨管理理论的三大发展阶段：形成阶段、行为科学阶段，以及现代管理理论初创时期。

一、第一阶段：形成阶段（19世纪末至20世纪初）

在这一时期，随着工业革命的深入和资本主义生产方式的确立，组织规模迅速扩大，对高效管理的需求日益迫切。这一背景下，一系列具有划时代意义的管理理论应运而生，标志着管理科学作为一门独立学科的正式形成。

（一）行政组织理论

1. 行政组织理论的起源

行政组织理论最初由德国社会学家马克斯·韦伯（Max Weber）在1920年出版的《社会组织和经济组织理论》一书中提出。韦伯提出的"官僚制"（Bureaucracy）理论，成为行政组织理论的基石。他强调以科学确定的"法定"的制度规范为组织协作行为的基本约束机制，这一理念对现代管理学产生了广泛而深远的影响。

随后，伦纳德·D. 怀特（Leonard D.White）在《行政学概论》中对行政组织体制进行了详细探讨，并对行政责任与权力的分配问题进行了分析。卢瑟·古利克（Luther H.Gulick）则在美国政府的改革背景下，提出了行政组织改革的指导原则，进一步丰富了行政组织理论。切斯特·巴纳德（Chester I.Barnard）则是行政组织理论的集大成者，他在《经理人员的职能》一书中，基于系统观念对行政组织问题进行了全方位探讨。

2. 行政组织理论的主要内容

行政组织理论的核心内容主要包括以下几个方面：

（1）明确的职位等级结构

每个组织均应确定明确的职位等级结构，每个职位均应明确规定其权力和职责。这有助于实现权责分明，确保组织内部的有序运行。

（2）委任制或合同制

组织中，只有最高领导者可以获得掌权位置，其余各层次的管理者均应采取委任制或合同制。这种制度有助于确保管理者的专业性和责任感。

（3）专业化的管理队伍

各层次管理者应具有一定的文凭，且必须经过考核方能任用。他们必须将职位当作其唯一职业，并努力完成任务。

（4）理性化管理

管理以理性为指导，不带个人情感目标。这要求管理者在决策过程中，应基于事实和逻辑，而非个人偏好或情感。

（5）严格的法规与规章

组织内包含有关职权和职责的法规和规章，业务的处理和传递均以书面的文件为准。这有助于确保组织运作的规范性和透明度。

（6）专业化的人员配置

组织内的所有职务均由受过专门训练的人员担任，一切职务和管理人员都是任命的。这有助于提高组织的专业水平和执行力。

3. 行政组织理论的主要特征

行政组织理论的主要特征包括以下几个方面：

（1）职能分工明确

组织内部各部门和职位的职能分工清晰，有助于实现高效协作。

（2）等级制度严密

组织内部具有严格的等级制度，各层级之间职责明确，上下级关系清晰。

（3）法规与规章的约束力

组织运作受到相关法律法规和规章制度的严格约束，确保了组织的规范性和稳定性。

（4）专业化与职业化

管理者和工作人员均须具备专业知识和技能，且需经过严格培训和考核。

（5）理性化管理

管理决策基于事实和逻辑，而非个人情感或偏好。

4. 行政组织理论在现代管理中的应用

行政组织理论在现代管理中具有广泛的应用价值。它不仅可以指导政府行政部门的组织建设和运作管理，还可以应用于组织管理、非营利组织管理等多个领域。

在政府行政管理中，行政组织理论可以帮助政府部门建立合理的组织结构，明确各层级和部门的职责和权限，提高政策执行效率和政府服务质量。

此外，行政组织理论还强调民主和平等的管理方式，注重非正式组织的构成和人的行为中的非理性因素。这有助于提高员工的积极性和创新活力，推动组织的变革和发展。

行政组织理论作为管理学的重要分支，对于理解和优化组织运作、提高管理效率具有重要意义。随着时代的发展和管理实践的不断深入，行政组织理论也在不断发展和完善。在未来的发展中，行政组织理论将继续在各个领域发挥重要作用，推动组织的变革和发展。

（二）科学管理

科学管理理论又称泰勒制，是由美国管理学家弗雷德里克·温斯洛·泰勒在19世纪末至20世纪初提出的一套管理理论。这一理论的核心在于通过科学的方法和原则，系统地解决管理问题，以提高生产效率和优化工作流程。泰勒因此被誉为"科学管理之父"，其理论对现代管理学产生了深远的影响。

1. 科学管理理论的背景与核心目标

科学管理理论的诞生源于当时工业界对生产效率提升的迫切需求。泰勒通过对劳动过程的深入研究，发现传统的管理方法多依赖于经验和直觉，缺乏科学的分析和优化。他提出，通过科学的方法分析和测量工作过程，可以找到最有效的操作方法，并培训员工按照这些方法工作，从而实现生产效率的显著提升。

科学管理理论的核心目标是提高劳动生产率。泰勒认为，提高劳动生产率不仅有利于降低成本、增加利润，也有助于提高工人的收入水平和工作满意度。

2. 科学管理理论的主要内容

（1）科学制定工作定额

泰勒主张通过科学的方法来制定合理的工作定额，确保工人能够达到既定的生产标准。这需要对劳动过程进行细致的分析和测量，以找到最优的工作方法和时间标准。

（2）选拔和培训工人

泰勒提倡挑选"第一流工人"，即具有最高工作能力和最适宜工作态度的工人，并对他们进行适当的培训。他认为，只有经过培训的工人才能按照科学的方法完成工作，从而提高生产效率。

（3）标准化制度

泰勒主张实施标准化制度，包括标准化工具、设备和工作方法。通过标准化，可以确保每个工人都以相同的高效方式完成任务，从而提高整体生产效率。

（4）差别计件工资制

为了激励工人提高生产效率，泰勒提出了差别计件工资制。这种制度根据工人完成的工作量来支付不同的工资，从而调动工人的积极性，鼓励他们更加努力地工作。

（5）计划职能和执行职能的分离

泰勒认为，计划职能和执行职能应该由不同的人员负责。计划职能归专门的计划部门负责，负责在科学研究的基础上制订工作计划；执行职能则由工人负责，他们必须按照计划规定的标准执行工作。这种分离有助于提高

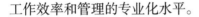

工作效率和管理的专业化水平。

（6）职能工长制

泰勒主张在组织管理中实行职能工长制。即每个工长只负责某一特定的职能，如工具管理、材料供应、质量控制等。这样可以提高管理的专业化水平，使每个工长都能在其专业领域发挥最大效用。

（7）例外原则

泰勒提出，高级管理人员应该只处理例外事项，将日常事务授权给下级管理人员处理。这一原则有助于高级管理人员集中精力处理重要和复杂的问题，同时提高组织的整体运行效率。

3. 科学管理理论的应用与影响

科学管理理论自提出以来，被广泛应用于制造业、服务业和项目管理等多个领域。在制造业中，应用科学管理理论能够优化生产流程和标准化作业，显著提高了生产效率和产品质量；在服务业中，科学管理理论被用于优化服务流程、提高服务质量和顾客满意度；在项目管理中，科学管理理论的应用有助于确保项目按时按质完成，提高项目的整体效益。

科学管理理论对现代组织管理产生了深远的影响。它强调了科学、系统的方法在管理中的重要性，推动了管理从经验走向科学。应用科学管理理论，工厂能够更好地控制成本、提高效率、优化资源配置，从而实现可持续发展。

（三）一般管理理论

一般管理理论是现代经营管理之父亨利·法约尔（Henri Fayol）在其代表作《工业管理和一般管理》（1916年出版）中提出的经典管理理论。这一理论不仅奠定了西方古典管理思想的重要基础，而且成为后来管理过程学派的理论基石，对管理理论的发展和组织管理的实践产生了深远的影响。

1. 理论背景与提出

法约尔的研究从"办公桌前的总经理"出发，以组织整体作为研究对象，提出了管理的普遍原则和理论框架。他认为，管理理论是经过普遍经验检验并得到论证的一套完整体系，包括原则、标准、方法和程序等内容。这些理论不仅适用于公私组织，也适用于军政机关和社会团体。法约尔强调，管理不同于经营，管理是经营的一部分，但具有其独特的职能和原则。

2. 管理职能

法约尔将管理活动归纳为五个基本职能，即计划、组织、指挥、协调和控制，这五个职能构成了管理理论的核心内容。

（1）计划

探索未来，制订行动计划。计划是管理过程的首要职能，它涉及对未来活动的预测和规划，确保组织目标的实现。

（2）组织

建立组织的物质和社会的双重结构。组织是对组织计划执行的分工，确保各项资源和人员能够有序地投入工作中。

（3）指挥

使其人员发挥作用。指挥涉及对员工的激励和引导，使他们能够按照计划和要求高效地完成任务。

（4）协调

连接、联合、调和所有的活动及力量。协调是管理过程中的重要环节，它确保各部门和人员之间的合作与配合，共同实现组织的目标。

（5）控制

注意是否一切都按已制定的规章和下达的命令进行。控制是对组织活动的监督和调整，确保计划得到执行，并及时纠正偏差。

3. 管理原则

法约尔在一般管理理论中提出了十四条基本的管理原则，这些原则为组织管理和组织活动提供了重要的指导。

（1）劳动分工原则

通过专业化分工提高工作效率。

（2）权力与责任原则

管理者必须有命令下级的权力，同时承担相应的责任。

（3）纪律原则

雇员必须遵守和尊重组织的规则，保持良好的工作纪律。

（4）统一指挥原则

每一个雇员应当只接受来自一位上级的命令。

（5）统一领导原则

每一组具有同一目标的组织活动，应当在一位管理者和一个计划的指导下进行。

（6）个人利益服从整体利益的原则

个人或群体的利益不应置于组织的整体利益之上。

此外，还包括报酬原则、集中原则、等级制度原则、秩序原则、公平原则、人员稳定原则、首创精神和团队精神等原则。这些原则共同构成了法约尔管理理论的基础，为组织的有效管理提供了科学的指导。

4. 影响与意义

法约尔的一般管理理论对管理理论的发展和组织管理的实践产生了深远的影响。它使管理理论从经验走向科学，为后来的管理研究提供了重要的理论基础。同时，法约尔强调管理教育的重要性，他认为通过教育可以提高管理人员的管理水平，这一观点推动了管理教育的发展。

一般管理理论具有系统性和理论性，为管理科学提供了一套科学的理论构架。其对管理职能和管理原则的分析为管理人员的实际工作提供了巨大的帮助，使他们在管理工作中能够有据可依、有章可循。此外，法约尔还提出了许多具有前瞻性的管理思想，如预见性管理、参与式管理等，这些思想对现代组织管理仍具有重要的启示作用。

一般管理理论是现代管理理论的重要组成部分，它为组织管理和组织活动提供了科学的指导和理论支持。法约尔提出的管理职能和管理原则不仅在当时具有重要的实践意义，而且在今天依然具有广泛的应用价值。随着全球化、信息化和知识经济时代的到来，管理者需要不断学习和掌握新的管理知识和技能，以适应快速变化的市场环境。一般管理理论作为管理学的经典理论之一，将继续为现代管理者提供重要的指导和帮助。

二、第二阶段：行为科学阶段（20世纪30年代至40年代）

随着心理学、社会学等学科的兴起，管理学的研究人员开始关注人的因素在管理中的作用，行为科学应运而生。这一时期的研究不再仅仅关注技术层面，而是深入人的内心世界，探讨人的动机、需求、行为模式及其对组织绩效的影响。

(一) 赫茨伯格的双因素理论

赫茨伯格的双因素理论也被称为"激励—保健理论"(Motivation-Hygiene Theory), 是由美国心理学家弗雷德里克·赫茨伯格(Frederick Herzberg) 在 1959 年提出的。这一理论深刻揭示了影响员工工作动机和满意度的关键因素, 为组织管理、心理学以及教育等多个领域提供了重要的理论支撑。

1. 理论背景与核心内容

赫茨伯格通过大量的调查研究发现, 影响员工工作满意度的因素并非单一, 而是可以划分为两大类: 激励因素和保健因素。

激励因素通常与工作本身或工作内容紧密相关, 包括成就感、别人的认可、工作性质、责任感和晋升机会等。这些因素如果得到满足, 能够极大地激发员工的工作热情和积极性, 使其受到激励; 反之, 如果这些因素得不到满足, 员工也不会因此产生不满情绪, 只是会感到"没有满意"。

而保健因素则主要与工作环境和条件相关, 如公司的政策与管理、监督方式、人际关系、工作环境和工资等。这些因素是维持员工基本工作满意度所必需的, 即如果这些因素得到满足, 员工则不会产生不满情绪, 但也不会因此感到特别满意, 只是达到了一种"没有不满意"的状态; 相反, 如果保健因素得不到满足, 则会导致员工出现不满和消极情绪。

2. 理论的重要意义

赫茨伯格的双因素理论突破了传统观念中将满意与不满意视为单一连续体的局限, 提出了满意的对立面是"没有满意", 而不满意的对立面则是"没有不满意"的观点。这一理论对于理解员工行为动机和满意度具有重要意义, 为组织管理和员工激励提供了新的视角和思路。

3. 管理启示与应用

在组织管理中, 双因素理论的应用具有重要意义。首先, 管理者需要重视保健因素, 确保员工的基本工作环境和条件得到保障, 以防止不满情绪的产生。这包括制定合理的公司政策、提供良好的工作环境、建立和谐的人际关系等。然而, 更重要的是, 管理者需要充分利用激励因素来激发员工的工作热情和积极性。这要求管理者关注员工的工作本身, 提供具有挑战性的任务、公平的晋升机会、及时的认可和奖励等，以满足员工的成就感、责任感和成长需求。

4.实际应用案例

以尼桑汽车公司和美国卡车公司为例，两者都面临员工的短缺和流动率高的问题。尼桑公司最初试图通过延长工作时间来解决劳动力不足的问题，但效果并不明显。相比之下，美国卡车公司采取了更为积极的措施，他们直接与员工对话，征求员工意见，改善工作环境，增加司机在路上的时间，并减少出差次数，从而提高了员工的满意度和忠诚度。这一做法充分体现了双因素理论的应用，即通过改善保健因素和充分利用激励因素来激发员工的工作热情和积极性。

赫茨伯格的双因素理论为我们理解员工行为动机和满意度提供了重要的理论框架。在组织管理中，管理者需要同时关注保健因素和激励因素，既要确保员工的基本工作环境和条件得到保障，又要充分利用激励因素来激发员工的工作热情和积极性。只有这样，才能真正实现员工的个人价值和组织的发展目标。

(二) 梅奥的人际关系学说

在管理学的发展史上，乔治·埃尔顿·梅奥的人际关系学说无疑是一个重要的里程碑。这一理论不仅挑战了传统管理思想中的诸多假设，更为现代管理理论的发展开辟了新的道路。笔者将概述梅奥人际关系学说的主要内容及影响。

1.理论背景

梅奥的人际关系学说是在20世纪20年代末期至30年代初期由美国哈佛大学教授埃尔顿·梅奥及其助手罗特利斯伯格在西方电器公司霍桑工厂进行的一系列实验基础上提出的。这一时期的管理学界以弗雷德里克·泰勒的科学管理理论为主导，强调分工、标准化作业和物质激励，将工人视为"经济人"，即追求最大化经济利益的个体。然而，梅奥的霍桑试验揭示了这一假设的局限性，为管理学研究带来了新的视角。

2. 主要内容

(1) 工人是"社会人"

梅奥认为,工人不仅仅是追求经济利益的"经济人",更是具有社会和心理需求的"社会人"。他们除了物质利益外,还渴望归属感、友谊、尊重和安全感等。工人之间的社会关系、团队精神和士气对生产效率有着重要影响。这一观点颠覆了传统管理理论对工人的认知,强调了人的社会性和心理需求在管理中的重要性。

(2) 组织中存在非正式组织

梅奥指出,组织中除了为实现组织目标而建立的正式组织外,还存在着由工人自发形成的非正式组织,如社交圈子、兴趣小组等。这些非正式组织对工人的行为、态度和生产力有着重要影响,有时甚至超过正式组织的力量。因此,管理者必须关注并妥善处理非正式组织的关系,以维护组织的和谐与稳定。

(3) 工人的士气是生产效率的关键因素

梅奥认为,工人的士气、满意度、参与感和归属感等心理因素对生产效率有着直接影响。高士气能够激发工人的工作热情和创造力,从而提高生产效率。因此,提高工人的满意度是提高劳动生产率的首要条件,这需要通过物质和精神两种需求的合理满足来实现。

(4) 管理研究的重点转移

梅奥强调,管理研究的重点应从"工作上"和"物的因素"转移到"人的因素"。管理者应关注人的行为、人际关系和情感需求,以建立和谐的人际关系和高效的正式组织。这一观点为现代行为科学的发展奠定了基础,推动了管理学研究向更加人性化、科学化的方向发展。

3. 理论影响

梅奥的人际关系学说对管理学的发展产生了深远的影响。它修正和补充了古典管理理论,开辟了管理研究的新领域。该理论强调人的社会性和心理需求对组织绩效的影响,为组织管理和人力资源开发提供了重要的理论指导。同时,它也促使管理者更加关注员工的需求和感受,促进了员工与管理者的良好沟通和合作关系。

此外,梅奥的人际关系学说还推动了行为科学在管理学中的应用和发展。行为科学关注人的心理和行为规律，为管理实践提供了更加科学和人性化的方法。这一学科的发展不仅丰富了管理学的理论体系，也提高了管理实践的有效性和针对性。

梅奥的人际关系学说是管理学发展史上的一个重要理论突破。它挑战了传统管理理论中的诸多假设，强调了人的社会性和心理需求在管理中的重要性。该理论为现代管理学的发展奠定了基础，推动了管理学研究向更加人性化、科学化的方向发展。同时，它也为组织管理和人力资源开发提供了重要的理论指导和实践参考。

（三）卢因的场论

卢因（Kurt Lewin），美籍德国社会心理学家，其提出的"场论"和"群体动力论"在心理学和传播学领域产生了深远的影响。作为传播学的四大奠基人之一，卢因的理论不仅丰富了心理学的研究内容，更为传播学的发展提供了新的视角和方法。笔者将对卢因的场论理论进行概述。

1. 场论的基本概念

卢因的场论（Field Theory）是一种借用物理学概念来解释人的心理与行为的理论。在物理学中，"场"是指空间中存在的一种物理量或物理状态，它对处于其中的物体产生作用。卢因将这一概念引入心理学，用来描述个体在当下环境中所受到的外力影响，并据此研究处于"场"中的个体行为的变化。他提出的公式 $B=f(P，E)$ 简洁地表达了个人与其所处环境的交互关系，其中 B 代表行为，f 代表函数，P 代表个人，E 代表环境，表明个人的一切行为（包括心理活动）是随其本身与所处环境条件的变化而改变的。

2. 场论的核心内容

（1）环境对行为的影响

卢因认为，人的行为不仅受到个体内在因素的影响，还受到外部环境因素的制约。环境内的复杂因素和变量相互作用，共同影响着个体的行为选择。这种环境被称为"生活空间"，是个体行为的私人环境或社会环境的总和。

（2）整体动力结构观

场论强调经验和行为的整体性，认为整体大于部分之和。在解释个体行为时，卢因注重从整体的、动态的角度去考察，而非简单地将行为归结为某个单一因素的作用。

（3）动态交互关系

场论中的个体与环境之间不是静态的、单向的关系，而是动态的、双向的交互过程。个体在环境中不断接收信息，并根据这些信息调整自己的行为；同时，个体的行为也会对环境产生影响，改变环境的某些特征。

3. 场论在传播学中的应用

卢因的场论不仅为心理学研究提供了新的视角，还为传播学研究提供了新的方法和层面。在传播学中，场论被用来解释信息在传播过程中的流动和变化。卢因认为，信息的流动是在一些含有"门区"的渠道里进行的，这些渠道中存在着"把关人"，只有符合群体规范或"把关人"价值标准的信息才能进入传播渠道。这一理论为解释新闻传播过程中的信息筛选和过滤提供了有力的支持。

4. 场论的局限性与贡献

尽管卢因的场论在心理学和传播学领域产生了深远的影响，但其也存在一定的局限性。例如：场论偏重强调群体内人与人之间的心理关系，忽视了其他关系；没有看到群体行为产生和变化的根本动因；研究对象、范围等方面未达到普遍意义。然而，这并不影响场论在学术史上的重要地位。卢因的场论不仅为心理学研究提供了新的思路和方法，更为传播学的发展奠定了坚实的基础。

卢因的场论理论以独特的视角和深刻的洞见在心理学和传播学领域产生了深远的影响。通过借用物理学的概念来解释人的心理与行为，卢因为我们揭示了个体与环境之间复杂而动态的交互关系，为理解人类行为提供了新的视角和方法。

（四）坦南鲍姆的领导行为连续体理论

1. 基本内容

领导行为连续体理论主张按照领导者运用职权和下属拥有自主权的程度把领导模式看作一个连续变化的分布带，以高度专权、严密控制为其左端，以高度放手、间接控制为其右端，从高度专权的左端到高度放手的右端，划分七种具有代表性的典型领导模式。在一定的具体情况下考虑各种因素，采取最恰当的行动。实践中的领导风格是丰富多彩的，影响领导风格成效的因素有很多，不能给领导风格来简单排序。

领导风格与领导者运用的程度和下属在做决策时享有的自由度有关。在连续体的最左端，表示的是行为专制的领导；在连续体的最右端，表示的是将决策权授予下属的民主型的领导。在管理工作中，领导者使用的权威和下属拥有的自由度之间是一方扩大另一方缩小的关系。一个专制的领导掌握完全的权威，自己决定一切，他不会授权于下属；而一位民主的领导在指定决策过程中，会给予下属很大的权力，民主与独裁仅是两个极端的情况，这两者中间还存在着许多种领导行为。

2. 因素

第一，管理者的特征：包括管理者的背景、教育、知识、经验、价值观、目标和期望等。

第二，员工的特征：包括员工的背景、教育、知识、经验、价值观、目标和期望等。

第三，环境的要求：环境的大小、复杂程度、目标、结构和组织氛围、技术、时间压力和工作的本质等。

根据以上这些因素，如果下属有独立做出决定并承担责任的愿望和要求，并且他们已经做好了这样的准备，他们能理解所规定的目标和任务，并有能力承担这些任务，领导者就应给下级较大的自主权力。如果这些条件不具备，领导者就不会把权力授予下级。

3. 领导模式

在高度专制和高度民主的领导风格之间，坦南鲍姆和施米特划分出 7 种主要的领导模式：

（1）领导做出决策并宣布实施

在这种模式中，领导者确定一个问题，并考虑各种可供选择的方案，从中选择一种，然后向下属宣布执行，不给下属直接参与决策的机会。

（2）领导者说服下属执行决策

在这种模式中，同前一种模式一样，领导者承担确认问题和做出决策的责任。但他不是简单地宣布实施这个决策，而是认识到下属中可能会存在

反对意见，于是试图通过阐明这个决策可能给下属带来的利益来说服下属接受这个决策，以此消除下属的反对。

（3）领导者提出计划并征求下属的意见

在这种模式中，领导者提出了一个决策，并希望下属接受这个决策，他向下属提出一个有关自己的计划的详细说明，并允许下属提出问题。这样，下属就能更好地理解领导者的计划和意图，领导者和下属能够共同讨论决策的意义和作用。

（4）领导者提出可修改的计划

在这种模式中，下属可以对领导者做出的决策发挥某些影响作用，但确认和分析问题的主动权仍在领导者手中。领导者先对问题进行思考，提出一个暂时的可修改的计划，并把这个暂定的计划交给有关人员进行征求意见。

（5）领导者提出问题，征求意见做出决策

在以上几种模式中，领导者在征求下属意见之前就提出了自己的解决方案，而在这个模式中，下属有机会在做出决策以前就提出自己的建议。领导者的作用体现在确定问题，下属的作用在于提出各种解决的方案，最后，领导者从他们自己和下属所提出的解决方案中选择一种他认为最好的解决方案。

（6）领导者界定问题范围，下属集体做出决策

在这种模式中，领导者已经将决策权交给了下属的群体。领导者的工作是弄清所要解决的问题，并对下属提出做出决策的条件和要求，下属按照领导者界定的问题范围进行决策。

（7）领导者允许下属在上司规定的范围内发挥作用

这种模式表现了极度的团体自由。如果领导者参加了决策的过程，他应力图使自己与团队中的其他成员处于平等的地位，并事先声明遵守团体所做出的任何决策。在上述各种模式中，坦南鲍姆和施米特认为，不能抽象地认为哪一种模式一定是好的，哪一种模式一定是差的。成功的领导者应该是在一定的条件下，善于考虑各种因素的影响，采取最恰当行动的人。当需要果断指挥时，他应善于指挥；当需要员工参与决策时，他能适当放权。领导者只有根据具体的情况，如领导者自身的能力，下属及环境状况、工作性

质、工作时间等，适当选择连续体中的某种领导风格，才能达到领导行为的
有效性。

三、第三阶段：现代管理理论初创时期（20世纪40年代末至今）

在人类历史的长河中，每一次重大的社会变革往往伴随着管理思想的
深刻转型与革新。第二次世界大战作为全球历史的一个转折点，不仅重塑了
世界格局，也悄然推动了管理科学的兴起与发展。这一时期，面对战争期间
资源紧缺、生产压力剧增的挑战，管理者们迫切需要一些更为高效、系统的
管理方法来提升生产效率，保障战争需求，从而催生了管理科学这一概念的
正式提出与广泛应用。

（一）科学管理与行为科学的并行崛起

"二战"前夕及战争期间，科学管理（以弗雷德里克·泰勒的理论为代
表）与行为科学（如梅奥的人际关系学说）并行发展，共同推动了生产率的显
著提升。科学管理强调通过细化工作流程、制定标准化操作来消除浪费，提
高劳动生产率；而行为科学则注重研究人的心理与行为对工作效率的影响，
倡导通过改善工作环境、增强员工满意度来激发他们的工作积极性。这两大
理论体系的互补为管理科学的形成奠定了坚实的基础。

（二）管理科学的形成与完善

进入20世纪50年代，随着战后经济的复苏与发展，管理科学逐渐从理
论探索走向了实践应用，形成了一套完整的理论体系。这一时期，学者们开
始从管理学的视角对科学管理与行为科学进行更深入的延伸与拓展，融合数
学、经济学、心理学、计算机科学等多学科知识，构建了复杂而精细的管理
模型。管理科学不再仅仅关注于单一的生产效率提升，而是将目光投向了如
何更科学、更系统地规划、组织、领导和控制组织的各项活动，以实现整体
效能的最大化。

（三）科学方法与技术的应用

管理科学理论的核心在于秉持科学的态度，运用科学方法解决生产及

管理中的复杂问题。它强调通过收集大量数据，运用统计学、运筹学、决策分析等技术手段，建立数学模型来描述和预测组织运行状况。特别是随着计算机技术的飞速发展，管理科学得以借助强大的计算能力对模型数据进行快速、精准的分析处理，为生产和管理决策提供科学依据。这种基于数据驱动的决策模式，有效减少了主观判断带来的不确定性，提高了决策的科学性和准确性。

（四）资源优化与经济收益的提升

管理科学理论的实践应用极大地促进了资源的优化配置和高效利用。通过精细化的生产计划安排、库存控制、成本控制等手段，组织能够在保证产品质量的前提下，最大限度地减少浪费，提高生产效率。同时，基于数据的决策支持系统能够帮助组织更好地应对市场变化，捕捉市场机遇，从而在激烈的市场竞争中占据有利位置，实现经济收益的持续增长。

综上所述，管理科学从"二战"时期的初步探索到20世纪50年代理论体系的建立的这一过程不仅见证了管理思想的深刻变革，也体现了科技进步对管理实践的巨大推动作用。管理科学为解决现代组织面临的复杂问题提供了有力的工具，引领着管理实践不断向更高层次迈进。

第二节　现代管理理论的进展

第二次世界大战后，随着全球经济体系的重建与科技的飞速进步，西方国家迎来了一个前所未有的发展黄金时期。这一时期，生产力极大提升，生产的国际化与资本的全球化趋势日益显著，同时，科技革命推动了生产手段的现代化，使得组织规模迅速扩张，管理复杂度急剧增加。面对这些新变化，传统的管理方式已难以满足组织发展的需求，于是，一场深刻的管理理论创新与实践探索在全球范围内蓬勃展开，形成了管理理论的"丛林"时期，各种学派竞相绽放，共同推动了现代管理科学的进步。

一、经验管理学派

(一) 经验管理理论概述

经验管理理论也称案例学派，指通过经验总结，专门分析和研究成功或失败的管理案例，用以指导今后管理工作的管理学派。该学派大约产生于20世纪60年代，早期的代表人物是美国人戴尔。80年代后，美国管理学家托马斯·彼得斯极大地发展了这一理论。

(二) 经验管理的发展历程

从资本主义组织管理发展的历史来看，经验管理大致从18世纪末开始，到20世纪初经历了一百多年时间。在经验管理阶段：

管理者与资本所有者关系：组织的管理者一般就是组织的资本所有者。

管理和生产依据：管理和生产工作主要凭借个人的经验办事。工人主要凭自己的经验进行操作，没有统一的标准；管理人员主要凭自己的经验来进行管理，没有统一的管理办法。

工人培训方式：工人的培训主要是采用师傅带徒弟传授个人经验的办法来进行。

经验管理到了19世纪末20世纪初，已经不能适应资本主义生产力发展的需要，因而开始逐步过渡到科学管理阶段。

(三) 经验管理活动

1. 经验收集

经验也许已经以文档或数据库的形式存在，但有很多经验只存在专家的记忆里，这部分经验必须经过收集才可能重用。此外，在特定问题的解决过程中还会不断产生新的经验，必须有机制保证来收集这部分经验。

2. 经验建模

要管理经验，必须建模，经验建模是选择可重用经验的核心。不同解决问题的方式和不同的经验可能需要不同的建模方式。

3. 经验存储

收集的经验只有经过存储才可以使用。经验库可以是集中存储也可以是分布式存储。

4. 经验重用

获得经验并选择合适的经验重用。根据要解决的问题对选择的经验进行评估。

5. 经验评估

经验重用时要根据新问题具体情况进行评价，评价可以是对所选经验的适用性评价，也可以是精确性和现实性的评价。

6. 经验维护

获得的经验必须不断维护更新。由于环境变化迅速，经验的生命周期可能很短，必须识别过时的经验并加以删除或更新，同时已有经验也要根据变化重新建模。

(四) 经验主义理论的要点

经验主义理论认为管理是一项特殊的工作，因而需要一些特殊的技能，包括：

第一，做出有效的决策。

第二，在组织内部和组织外部进行信息交流。

第三，正确运用核查、控制与衡量的方法。

第四，正确运用管理科学这种分析工具。

二、人群关系学派

(一) 人群关系理论概述

人群关系理论是作为泰罗的科学管理的对立面而出现的，是行为科学的前身，其代表人物是美国著名心理学家梅奥教授。该理论认为人在企业的组织中起重要作用，是决定企业组织成败的关键，强调管理应以"人"为中心。其主要基于霍桑实验提出，霍桑实验于1924—1932年在美国芝加哥郊区的西部电器公司的霍桑工厂进行，共分为四个阶段：照明实验、继电器装

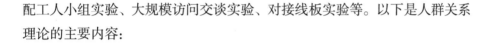

配工人小组实验、大规模访问交谈实验、对接线板实验等。以下是人群关系理论的主要内容：

(二) 主要观点

1. 职工是社会人

驳斥了职工是"经济人"(经济利益是刺激职工积极性的唯一动力) 这一西方社会主流观点。梅奥认为应当重视职工社会、心理方面的需求，促进人们之间良性合作以提高生产率。例如，在组织中，员工之间的交流互动、团队氛围等社会因素会影响员工的工作积极性和效率，单纯的经济激励并不能完全激发员工的潜力。

2. 企业中存在非正式组织

非正式组织形成的原因有地理位置、兴趣爱好、亲戚朋友、工作关系等。正式组织以效率逻辑为其行动标准，非正式组织则以感情逻辑为其行动标准。在非正式组织里，存在特殊感情、规范和倾向，可能左右群体成员行为。把握非正式组织的特点并加以正确引导，对生产率的提高有很大影响。比如在一个部门中，部分员工因为共同的兴趣爱好形成小团体，他们在工作之余的交流互动会影响到工作中的协作等情况，因此管理者需要重视这种非正式组织的存在。

3. 满足工人社会欲望、提高工人士气是提高生产效率的关键

传统的科学管理理论认为生产效率与作业方法、工作条件之间存在单纯的因果关系，但霍桑实验表明两者并没有必然的直接联系。生产效率提高的关键在于工人态度平和、士气高涨，士气高低取决于职工在群体中的个人满足度。这种满足度，首先体现的是人际关系，如个人地位是否被领导、同事、社会重视和承认等，其次才是经济效益的刺激。例如，一个员工在团队中感受到被尊重、被认可，即使工作条件一般、经济报酬不是特别高，也可能保持较高的工作积极性和生产效率。

(三) 人群关系理论的影响

1. 对员工工作动机的洞察

梅奥突破了以往人是"经济人"的狭隘论定，将员工定义为"社会人"，

增加了管理科学领域中对人定义的厚度。这让管理者认识到企业不仅是员工的工作场所，也是员工的社会环境，员工在这里除了工作，还需要社会交往以满足需求，这种满足对劳动生产率有很大影响。例如，组织可以通过组织团队建设活动等方式，满足员工的社会交往需求，从而提高员工的工作积极性。

2.对正式组织和非正式组织关系的认识

非正式组织与正式组织相互依存。只有正式组织的企业会过于僵硬，缺乏活力，组织氛围低沉；只有非正式组织的企业又过于松散，难以达到应有的生产率。管理当局必须注意在正式组织的效率逻辑与非正式组织的感情逻辑之间保持平衡，以便管理人员与员工之间能够充分协作。例如，企业在制定规章制度（正式组织逻辑）时，也要考虑员工之间的情感关系（非正式组织逻辑），做到刚柔并济，充分发挥每个组织成员的主观能动性，最大限度地完成组织目标。

3.对员工需求层次的提升

将员工的需求由物质层面上升到了精神层面，即对融洽、和谐、舒适工作氛围的需求。员工的满足度越高，干劲就越高，生产效率也就越高，然而这种满足度并非仅仅取决于物质报酬，更重要的是一种无形的精神上的愉悦。因此管理人员不但要考虑员工的物质需求，还应考虑员工的精神需求，在企业中营造良好的人群关系，为员工创造宽松的工作氛围，培养起员工的归属感、自尊感和成就感。例如，组织可以通过改善办公环境、尊重员工意见等方式营造良好的工作氛围，提高员工的满意度和生产效率。

三、组织行为学派

（一）组织行为管理理论的定义

组织行为管理理论是采用系统分析的方法，综合运用心理学、社会学、人类学、伦理学、管理学和政治学等多门学科知识，来研究和解释一定组织中的人的心理和行为规律的交叉性、边缘性社会科学。其目的是提高管理人员预测、引导和控制人的行为的能力，实现组织预定目标。它集中了管理科学的主要成果。

(二) 组织行为管理理论的发展阶段

1. 准备期 (19 世纪末—20 世纪 30 年代)

以泰勒、韦伯和法约尔等人为代表，他们把组织看成一个封闭的理性模式。

核心思想如下：

(1) 管理对象

较注意对物的管理和对工作的管理，而忽视对人的管理。

(2) 管理目的

较强调工作高效率，而忽视对工作者各种需要的最大满足。

(3) 对工作者的认识

把工作者看成只有经济需要的经济人，而忽视工作者的社会心理需要。

(4) 管理方式

把组织中的人看成理性的经济人，一切均按事先规定好的规章制度、原理和原则来办事。

2. 形成期 (20 世纪 30—60 年代)

以梅奥 (Mayo)、麦格雷戈 (McGregor) 等人为代表，他们把组织看成一个封闭的社会性模式。

主要成果如下：

梅奥和他的助手进行了霍桑实验，建立了人际关系学说，证明只有把人当作社会人，而不是当作完全理性的机器人看待时，才能创造出高效率。

这一时期还形成了马斯洛 (Mastow) 的需要层次理论、麦格雷戈的 X 理论和 Y 理论以及赫茨伯格 (Herzberg) 的激励—保健双因素理论，这些理论都在不同程度上影响了组织行为理论和实践。

3. 发展期 (20 世纪 60—70 年代)

代表人物是菲德勒等人，他们把组织看作开放的模式。

权变理论学派的出现：

基本观点是没有一成不变的、普遍适用的、最好的管理原则和方法，一切管理活动都要根据组织所处的外部环境和内部条件而权宜应变。

要重点分析组织和环境之间的关系，既研究环境变化情况，又关注管理人员应对不同环境的行为，针对不同实际情况采用不同的管理策略、模式和方法。开放系统概念与权变理论为组织行为管理提供了一个较完整的架构，成为联系古典组织理论的桥梁。

4. 成熟期（20世纪70年代至今）

代表人物是维克、马奇等，他们把组织看成一个开放的社会性模式，研究转变到社会文化这一更深的层次，提出了人文管理的概念。

人文管理概念的内涵：

美国学者希克曼和施乐在《创造卓越》一书中提出了战略—文化这一模式，他们认为卓越的基础在于战略与文化的配合。

强调人是企业组织的中心，认为不能单纯用理性的利润指标来衡量组织经营的好坏，还要考虑人的情感能否得到满足。这是对传统理性管理模式的突破和超越，也是现代管理理论发展的必然趋势，为组织行为管理的深入研究提出了重大课题。

组织行为理论的研究成果已经被广泛应用于组织管理领域，主要集中在人力资源管理、组织战略和组织创新等方面。

四、社会协作系统学派

（一）社会协作系统管理理论的起源与发展

社会协作系统管理理论源于对组织管理的深入研究。其早期发展与多位学者的贡献相关。

早期思想基础如下：

福莱特在20世纪30年代明确提出管理的整体性思想，把企业组织视为不断运动着的统一整体，强调管理必须着眼于整体内部的协调，这为社会协作系统管理理论奠定了思想基础，指出管理职能在于保持组织同外部环境的平衡。

巴纳德是社会系统学派的代表人物，他认为组织是一个由个人组成的协作系统，个人只有在一定的相互作用的社会关系下，同他人协作才能发挥作用。他提出组织作为一个协作系统包含三个基本要素：能够互相进行信息交流的人们、这些人们愿意做出贡献、实现一个共同目的。

(二) 社会协作系统管理理论的主要内容

1. 组织的构成要素与特点

(1) 要素方面

从社会协作系统的角度看，组织包含多个要素。例如，巴纳德提出信息交流、做贡献的意愿、共同的目的是组织的要素。其中信息交流是协作的基础，人们愿意做出贡献才能推动组织发展，共同目的则是组织成员协作的方向指引。

(2) 特点方面

组织是一个复杂的协作系统，它具有开放性，与外部环境相互影响。例如，组织作为企业的一种形式，不仅内部有各种要素相互作用，还与外部的资源、市场、社会技术水平、法律制度等相互影响，只有在与外部条件的相互影响中才能达到动态平衡。

2. 系统内部的协作与协调机制

(1) 协作关系

在组织内部，成员之间存在着相互协作关系。这种协作关系建立在成员对共同目标的认同上，并且通过信息交流来维持。例如，在企业中，不同部门的员工为了实现企业的生产经营目标而协作，生产部门生产产品，销售部门负责销售，而这中间需要有效的信息交流来确保产品符合市场需求等。

(2) 协调管理

管理者在这个协作系统中处于相互联系的中心，致力于获得有效协作所必需的协调。例如，经理需要协调不同部门之间的工作，平衡各方利益，解决可能出现的冲突，确保整个组织的顺畅运行。

3. 与外部环境的关系

(1) 资源获取与适应

组织需要从外部环境获取资源，如从市场获取原材料、劳动力等资源。同时，组织要适应外部环境的变化，例如随着社会技术水平的提高，组织需要不断更新生产技术和管理方法以适应竞争。

(2) 社会影响与责任

组织的存在和运行对外部社会环境有影响，也要承担相应的社会责任。

比如组织在生产经营过程中要遵守法律法规，注重环境保护，保障员工权益等。

（三）社会协作系统管理理论对管理实践的影响

1. 对组织管理的指导意义

（1）整体思维的强调

促使管理者从整体的角度看待组织，而不是只关注局部。例如在组织战略规划中，要考虑到各个部门、各个环节之间的相互关系，而不是孤立地制订某个部门的计划。

（2）协作与协调的重视

提醒管理者重视组织内部成员之间的协作和部门之间的协调。例如通过建立有效的沟通机制、激励机制等促进员工之间的协作，提高工作效率。

2. 在不同类型组织中的应用

（1）企业组织

在企业中，该理论有助于优化企业内部的组织结构，提高企业对市场变化的适应能力。例如企业根据市场需求调整生产和销售策略，需要不同部门协同工作，社会协作系统管理理论为这种协同工作提供了理论依据。

（2）非营利组织

对于非营利组织而言，明确组织的共同目的和成员的贡献意愿非常关键。例如慈善组织，其成员基于对慈善事业的共同追求（共同目的）而聚集在一起，通过各自的努力（贡献意愿）来实现组织的救助等功能，而社会协作系统管理理论有助于此类组织更好地管理和运作。

五、社会技术系统学派

（一）理论起源

社会技术系统管理理论是由英国伦敦一个研究所的心理学工作者通过对煤矿进行技术改革的实验提出来的。20世纪50年代英国塔维斯特克人际关系研究所的特里斯特在研究煤矿机械化带来的影响时也对该理论有所贡献。

（二）基本观点

1. 系统构成要素

任何一个生产性组织，都是由技术因素和社会心理因素这两部分因素构成的。这两大因素相互作用、互相制约，共同影响着组织的运行和发展。

2. 系统优化关系

只有社会与技术系统同时优化，才能达到经济系统的最优化。技术系统对整个生产过程有很大的影响，它决定着社会系统，而社会系统必须适应于技术系统。但如果忽略了社会系统而使技术系统最优化，结果达到的效率并不是最优的；相反，如果只根据社会系统的要求变更技术系统，其结果也不可能是好的。人群关系论只考虑社会系统，职务扩大化仅改善技术系统，两者都不全面，只有同时改善两个系统，才能使整个生产系统发挥最大效率。

（三）在不同领域的应用

1. 组织管理方面

在组织的结构设计中，需要平衡灵活性和稳定性，同时营造良好的组织文化，构建创新机制并推进组织变革。在员工管理方面，可以提升员工决策的参与度和效果、进行员工个人职业发展规划、建立有效的员工激励机制以及加强员工间的良好关系维护等。另外，在业务流程优化中，遵循流程设计的核心原则、引入创新的流程管理方法、评估流程效率并找出改进点、实践流程改进并持续优化流程。

2. 政府治理方面

能够有效识别信息技术赋能中政府治理创新的要素，在构建政府数据开放平台生态系统环境治理、人工智能赋能政府监管核心要素与机制分析、风险管理对新技术商业化项目成长影响分析等方面发挥积极作用。例如：结合社会技术系统理论和成熟度模型，构建政府数据开放相关体系；分析人工智能技术在政府监管不同领域的应用，因为政府监管涉及众多领域与行业，不同领域监管对象与模式各异，该理论有助于明确人工智能赋能政府监管的核心要素与机制等。

3. 事故致因分析方面

例如在煤炭组织中，运用该理论分析社会环境对煤炭组织的影响，并构建社会技术系统瓦斯爆炸事故致因分析模型，从风险源、作业环境、煤炭组织、行政部门、政府等5个层次阐述各个层次的因素。在浏览器信息安全事件方面，构建致因分析模型，阐述各个层次因素的作用传导关系，提出行政干预、技术控制等应对措施。

4. 高校实验室管理方面

基于社会技术系统理论对高校实验室安全管理进行分析。根据高校实验室的实际情况，将与高校实验室事故有关的复杂社会技术系统具体划分为教育部等相关主体，以便于管理工作的推进。

（四）与其他理论的关系

1. 与社会系统理论的关系

社会系统理论着重从社会方面来研究组织，把技术系统排除在研究范围以外，认为组织就是一个社会系统。而社会技术系统理论则是社会系统理论的进一步发展，它既考虑社会系统，又考虑技术系统，强调二者相互作用对组织的影响。

2. 与系统管理理论的关系

系统管理理论运用系统研究的方法，兼收并蓄各学派的优点，建立通用的模式，寻求普遍适用的模式和原则，把管理视为一个系统，以实现管理优化。社会技术系统理论与之相比，更侧重于社会和技术系统的相互关系对组织生产效率等方面的影响，不过二者都强调系统的整体性和动态性等系统的基本特性。

六、决策理论学派

决策理论学派以决策为核心，研究决策过程、决策方法以及决策效果。该学派认为，管理就是决策，决策贯穿管理的全过程。它提出了多种决策模型和分析方法，帮助管理者在复杂多变的环境中做出科学合理的决策。

(一) 决策管理理论的形成与发展

决策管理理论是把第二次世界大战以后发展起来的系统理论、运筹学、计算机科学等综合运用于管理决策问题，形成的一门有关决策过程、准则、类型及方法的较完整的理论体系。其发展历程如下：

早期观点的提出：20 世纪 30—40 年代，美国学者 L. 古立克在《组织理论》一文中认为决策是行政的主要功能之一，这是较早提出行政决策观点的。随后美国学者 C.I. 巴纳德在《行政领导的功能》一书中，指出行政决策是实现组织目标的重要战略因素。这些观点为行政决策理论奠定了基础。

理论体系的形成：美国行政学家 H.A. 西蒙对决策理论体系的形成起到了关键作用。1944 年他先在《决策与行政组织》一文中提出了决策理论的轮廓，3 年后出版了《行政行为——在行政组织中决策程序的研究》，这是决策理论方面最早的专著。此后，他继续研究决策理论和实际决策技术 (包括运筹学、计算机学)，为决策学成为新的管理学科奠定了基础。

(二) 决策管理理论的主要代表人物及其理论

1. 赫伯特·西蒙 (Herbert Simon)

连续有限比较决策论：西蒙认为人的实际行动不可能合于完全理性，决策者是具有有限理性的行政人，不可能预见一切结果，只能在供选择的方案中选出一个满意的方案。他指出，虽然理性程度对决策者有很大影响，但不应忽视组织因素对决策的作用。

2. J.G. 马奇

理性、组织决策论：他承认个人理性的存在，并认为由于人的理性受个人智慧与能力所限，必须借助组织的作用。组织提供个人以一定的引导，使决策有明确的方向。组织运用权力和沟通的方法，使决策者便于选择有利的行动方案，进而增加决策的理性。

3. C.E. 林德布洛姆

现实渐进决策论：其理论的基点不是人的理性，而是人所面临的现实，并对现实所作渐进的改变。该理论要求决策程序简化，决策实用、可行并符合利益集团的要求，力求解决现实问题，受到行政决策者的重视。

(三) 决策管理理论的观点体现

1. 决策的概念

决策是指在不确定性条件下，根据目标和条件来选择行动方案的过程。决策理论主要包括决策对象、决策条件、决策环节和决策结果等方面。其中决策对象是指需要做出决策的事物，通常包括问题、机遇和威胁等；决策条件是指影响决策的各种因素，包括信息、风险、成本和利益等；决策环节是指决策过程中的各个组成部分或阶段，每个环节都有其特定的任务和功能，共同构成了一个完整的决策流程。决策结果是指决策的最终效果，包括经济效益、社会效益和环境效益等。

2. 决策过程

(1) 问题定义

明确需要解决的问题或目标。

(2) 信息收集

收集有关问题的各种信息，包括市场、经济和竞争等方面的信息。

(3) 方案制定

根据信息和目标制定可能的行动方案。

(4) 评估选择

例如采用定性分析、定量分析、多目标决策、风险分析等方法进行方案评估并选择。定性分析是根据经验和直观判断对问题进行分析；定量分析是通过数据分析和模型建立来量化分析问题；多目标决策用于存在多种目标的问题；风险分析用于对决策中可能的风险进行评估。

(5) 实施监控

实施选择的方案，并对实施过程进行监控和调整。

(四) 决策管理理论中的决策方法

1. 定性分析

根据经验和直观判断，对难以量化的问题，如市场趋势、管理信念和社会环境等进行分析和解决的方法。

2. 定量分析

通过数据分析和模型建立，对可以量化的问题，如成本效益分析、投资回报率和市场份额等进行量化和分析的方法。

3. 多目标决策

适用于存在多种目标的问题，如利润最大化、客户满意度和环境保护等的决策分析方法。

4. 风险分析

对决策过程中可能出现的风险进行分析和评估的方法，常用于一些复杂的问题，如市场波动、政策变化和技术风险等。

5. 决策支持系统

利用计算机技术和信息系统，为决策过程提供支持和辅助的方法。

(五) 决策管理理论在经济管理中的应用

1. 组织战略决策

组织根据市场、竞争和技术等因素，制定相应的战略和规划，以确保组织的长期发展和竞争优势。例如组织在面对市场竞争时，要通过决策理论来分析市场趋势、竞争对手情况等，从而制定出合适的战略，如市场扩张战略、差异化战略等。

2. 投资决策

投资决策需要考虑投资项目的成本、风险、回报和市场前景等因素，以选择出最优的投资方案。例如在进行股票投资时，投资者要分析股票的风险、预期收益、公司的财务状况等因素，然后根据决策理论来决定是否投资以及投资的金额等。

3. 供应链管理决策

供应链管理需要考虑供应商、库存、物流和成本等因素，以确保供应链的高效和优化。例如组织在选择供应商时，要综合考虑供应商的价格、交货期、产品质量等因素，运用决策理论来选择最合适的供应商。

4. 人力资源决策

人力资源决策需要考虑员工招聘、培训、绩效评估和福利等因素，以确保组织的人力资源管理优化。例如组织在招聘员工时，要根据岗位需求、员工的能力素质等因素，通过决策理论来确定招聘的标准和流程等。

七、系统管理学派

(一)系统管理理论的概述

系统管理理论是把一般系统理论应用到组织管理之中，运用系统研究的方法，兼收并蓄各学派的优点，融为一体，建立通用的模式，以寻求普遍适用的模式和原则。它运用一般系统论和控制论的理论和方法，考察组织结构和管理职能，以系统解决管理问题的理论体系。这一理论是卡斯特（F.E.Kast）、詹姆斯·E·罗森茨韦克（JamesE.Rosenzweig）和约翰逊（R.A. Johnson）等美国管理学家在一般系统论的基础上建立起来的，是 20 世纪 70 年代的产物，西方称之为最新管理理论。

(二)系统管理理论的发展历程

1. 早期阶段—两因素论

最初表现为两因素论，即组织是由人—物两因素组成的系统，创始人卡斯特和卢森威认为人是管理系统的主体。

2. 发展阶段—三因素论

后来发展表现为三因素论，即管理系统是由人、物、环境三因素构成的，要进行全面系统分析，建立开放的管理系统。

(三)系统管理理论的主要内容

1. 组织的系统构成

组织是开放的社会技术系统：组织作为一个开放的社会技术系统，是由五个不同的分系统构成的整体，这五个分系统包括目标与价值分系统、技术分系统、社会心理分系统、组织结构分系统、管理分系统。这些系统还可以继续分为更小的子系统。

组织内部要素关系：组织是由人、物资、机器和其他资源在一定的目标下组成的一体化系统，它的成长和发展同时受到这些组成要素的影响，在这些要素的相互关系中，人是主体，其他要素则是被动的。管理人员需力求保持各部分之间的动态平衡、相对稳定、一定的连续性，以便适应情况的变化，达到预期目标。同时，组织还是社会这个大系统中的一个子系统，组织预定目标的实现，不仅取决于内部条件，还取决于组织外部条件，如资源、市场、社会技术水平、法律制度等，它只有在与外部条件的相互影响中才能达到动态平衡。

组织的投入—产出系统：如果运用系统观点来考察管理的基本职能，可以把组织看成一个投入—产出系统，投入的是物资、劳动力和各种信息，产出的是各种产品（或服务）。运用系统观点使管理人员不至于只重视某些与自己有关的特殊职能而忽视了大目标，也不至于忽视自己在组织中的地位与作用，可以提高组织的整体效率。

2. 系统管理的观念体系

（1）系统观点

整体是主要的，而其各个部分是次要的；系统中许多部分的结合是它们相互联系的条件；系统中的各个部分组成一个不可分割的整体；各个部分围绕着实现整个系统的目标而发挥作用；系统中各个部分的性质和职能由它们在整体中的地位所决定，其行为则受整体的制约；整体是一种力的系统、结构或综合体，是作为一个单元来行事的；一切都应以整体作为前提条件，然后演变出各个部分之间的相互关系；整体通过"新陈代谢"使自己不断地更新；整体保持不变和统一，而其组成部分则不断改变。

（2）系统分析

所谓系统分析就是对一个系统内的基本问题，用逻辑推理、科学分析的方法，在确定条件与不确定条件下，找出各种可行的方案。或者说，系统分析就是以系统的整体最优为目标，对系统的各个主要方面进行定性和定量的分析，是一个有目的、有步骤的探索性分析过程，以便给决策者提供直接判断和决定最优方案所需要的信息和资料。也就是说，在拟订方案以前，先要确定方案的目的、实现的场所、人员和方法等，然后搜集资料，拟定对比方案，最后对于建立的各种分析模型进行分析比较，选出可实施的方案。

系统管理理论向社会提出了整体优化、合理组合、规划库存等管理新概念和新方法，因而，系统管理理论被认为是20世纪最伟大的成就之一，是人类认识史上的一次飞跃。它有助于克服管理中只见局部不见整体的不足，强调相互联系的各种要素共同构成组织，管理的目的是保证组织内部的各个部分互相协作，以实现组织的目标。

八、管理科学学派

(一) 管理科学学派 (运筹学学派) 概述

管理科学学派也被称为数量管理科学学派、数量学派，还有人将管理科学与运筹学视为同义语。该学派始于1939年由英国曼彻斯特大学教授布莱克特领导的运筹学小组，当时运筹学主要围绕城市防卫与进攻、雷达网络的优化配置、轰炸敌方潜艇飞机有效高度及配合等军事问题展开，战后运筹学广泛应用于组织管理方面。

1. 理论渊源

其理论渊源可追溯到20世纪初泰勒的科学管理。泰勒的科学管理反对凭经验、直觉、主观判断去进行管理，主张用最好的方法、最少的时间和支出来达到最高的工作效率和最大的效果。管理科学学派是科学管理学派的进一步发展，不过研究范围已远超泰勒时代的操作方法和作业研究，运用了更多现代自然科学和技术科学的成就，研究问题也更为广泛。

2. 产生背景

第二次世界大战时期，为解决国防需要产生了运筹学，发展了新的数学分析和计算技术，例如统计判断、线性规划、排队论、博弈论、统筹法、模拟法、系统分析等。这些成果应用于管理工作中便产生了管理科学理论。

(二) 代表人物及组织

代表人物有美国的埃尔伍德·伯法等人，1953年美国成立管理科学学会并发行《管理科学》杂志，宣称其宗旨就是发现、扩展和统一有助于了解管理实践的科学知识。

(三) 主要内容

主要内容是一系列的现代管理方法和技术，其管理思想注重定量模型的研究和应用，以求得管理的程序化和最优化。他们认为管理就是利用数学模型和程序系统来表示管理的计划、组织、控制、决策等职能活动的合乎逻辑的过程，对此作出最优的解答，以达到组织的目标。管理科学就是制定用于管理决策的数学或统计模式，并把这种模式通过计算机应用于组织管理理论和方法的体系中，这种方法通常就是运筹学（狭义上可将管理科学学派作为运筹学的同义语，广义上古典管理理论、行为科学理论及当代的各种管理理论都可称作管理科学）。

（四）学科特点与研究步骤

1. 学科特点

（1）应用广泛

运筹学（管理科学学派的重要内容）已被广泛应用于工商组织、军事部门、民政事业等研究组织内的统筹协调问题，不受行业、部门限制。

（2）实践性强

既对各种经营进行创造性的科学研究，又涉及组织的实际管理问题，最终要向决策者提供建设性意见并收到实效。

（3）整体最优

以整体最优为目标，从系统的观点出发，力图以整个系统最佳的方式来解决系统各部门之间的利害冲突，可看成一门优化技术，提供解决各类问题的优化方法。

2. 研究步骤

运筹学在处理问题时一般有以下步骤：确定目标、制定方案、建立模型和制定解法。虽然不大可能存在能处理极其广泛对象的运筹学，但在发展过程中还是形成了某些抽象模型，并能应用于解决较广泛的实际问题。

（五）应用领域

随着计算机技术的发展，该学派的数量特点得到进一步发挥，被广泛应用于研究城市的交通管理、能源分配和利用、国民经济计划编制以及世界范围经济发展的模型等一些更大更复杂的经济与管理领域，还可应用于市场销售（如广告预算和媒体选择、竞争性定价、新产品开发、销售计划制定等）、生产计划（总体计划、日程表编排、合理下料、配料问题、物料管理等）

等方面。

(六) 对该学派的批判

有些学者对管理科学学派持批判态度，认为数量并不能真正地解决管理中的重大问题。而且有些管理学家侧重于定量的技术方面却不了解管理中存在的问题，更重要的是对管理对象中的人的因素往往无法进行定量计算，这样管理科学学派的特长就得不到很好的发挥。

九、权变管理理论学派

(一) 权变管理理论概述

权变管理理论是 20 世纪 70 年代在美国形成的一种管理理论。其核心是研究组织各子系统内部和各子系统之间的相互关系，以及组织和所处环境之间的联系，确定变数的关系类型和结构类型。该理论强调管理要根据组织内外部条件随机应变，针对不同具体条件寻求最合适的管理模式、方案或方法。

(二) 权变管理理论的主要内容

1. 相关变量

(1) 环境变量

外部环境可分为两种：一种由社会、技术、经济和法律政治等组成（STELP 分析）；另一种由供应者、顾客、竞争者、雇员和股东等组成。内部环境也是重要的环境变量。

(2) 管理变量

管理变量包括决策、交流、控制、技术状况等管理观念和技术，涵盖了过程学说、计量学说、行为学说和系统学说所主张的管理观念和技术等。

(3) 权变关系

环境变量与管理变量之间的函数关系即权变关系，这是权变管理的核心内容。

2. 基本观点

（1）关于组织结构的观点

认为企业的组织结构要与外部经营环境的稳定性、组织产品品种的多寡以及所使用的工艺技术相适应，各种组织结构并无高低优劣之分。

（2）关于人的激励和管理的观点

人性的权变理论认为人是复杂的，受多种内外因素交互影响。人在劳动中的动机特性和劳动态度会随自身心理需要和工作条件的变化而不同，不存在统一的人性定论，如莫尔斯和洛尔施的超 Y 理论。

（3）关于决策方法的观点

在不同的环境下要采用不同的决策方法，例如在不同的市场供求关系和经济时期，组织应采用不同的组织结构（如经济衰退供过于求时集权结构可能更适于达到目标，经济繁荣供不应求时分权结构可能更好），领导者应根据个性、工作任务性质、人际关系等采用不同领导方式等。

（三）权变管理理论的贡献

1. 批判继承以往理论

批判地总结和继承了以往管理理论（过程学说、计量学说、行为学说和系统学说）的遗产，以新的管理思维方式把它们统一在管理理论之中。

2. 理论联系实际

把环境对管理的作用具体化，使管理理论与管理实践紧密结合起来。考虑环境变数与管理观念和技术的关系，让采用的管理观念和技术能有效达到目标，在管理理论与实践之间架起了桥梁。

3. 提供新视角和动态认识

为人们分析和处理各种管理问题提供了有用视角，使人们对管理的动态性有了新的认识，而以往大多是从静态角度认识管理行为。

（四）权变管理理论的局限性

1. 缺乏统一概念和标准

没有提出统一的概念和标准，未能形成普遍的管理职能，导致实际工作中的管理者难以把握。

2. 环境分析的困难

要求组织对内外部环境进行准确分析和判断，但这并不是总能做到的，有时可能会对环境变化做出错误判断从而导致不良决策。

3. 组织灵活性的挑战

要求组织具有一定的灵活性和适应性，这对一些传统组织来说可能存在困难。

(五) 权变管理理论的应用

1. 商业领域

组织可根据市场变化灵活调整战略和策略，采用线上销售、远程办公等新模式适应市场变化和满足消费者需求，提高组织竞争力和市场份额。

2. 教育领域

可应用于课程设计和教学方法改革，如 MOOC（大规模开放在线课程）根据学习者需求和反馈灵活调整，以达到最好教学效果，满足不同学生需求并提高教育质量。

十、经理角色学派

(一) 经理角色学派概述

经理角色学派是 20 世纪 70 年代在西方出现的一个管理学派，英文名为 Management Roles Approach。该学派以对经理所担任角色的分析为中心来考察经理的职务和工作，目的在于提高管理效率。这里所指的经理是一个正式组织或组织单位的主要负责人，拥有正式的权力和职位。

(二) 角色概念的来源

该学派中的"角色"这一概念是行为科学从舞台术语中借用到管理学中的。角色被定义为属于一定职责或地位的一套有理的行为，演员、经理和其他人担任的角色是事先规定好的，不过个人可能以不同的方式来解释这些角色。

（三）主要研究方法

1. 观察与记载

采用日记的方法对经理的工作活动进行系统的观察和记载。在观察过程中及观察结束后对经理的工作内容进行分类，从而深入了解管理工作的实质。

2. 广泛的研究对象

明茨伯格的研究涵盖多个方面，包括对组织里高级和中级管理工作日记的研究，对街头团伙头目、医院行政人员和生产管理人员的持续观察，对美国总统工作记录的分析，对车间主任的活动进行的典型调查，对高级管理的工作结构所进行的调查等。通过对搜集的材料进行总结得出规律性的东西。

（四）经理担任的角色分类

经理要担任十个方面的角色，这十种角色可分为三类：

1. 人际关系方面的角色

包括挂名首脑的角色、联络者的角色和领导者的角色。

2. 信息方面的角色

包括监听者的角色、传播者的角色和发言人的角色。

3. 决策方面的角色

包括组织家的角色、故障排除者的角色、资源分配者的角色和谈判者的角色。

这三类角色相互联系、不可分割。人际关系方面的角色产生于管理者在组织中的正式权威和地位，进而产生信息方面的三个角色，使管理者成为组织内部信息的重要神经中枢；而获得信息的独特地位又使管理者在组织作出重大决策（战略性决策）中处于中心地位，使其得以担任决策方面的四个角色。

该学派对管理者工作的特点、所担任的角色、工作目标及管理者职务类型的划分，影响管理工作的因素以及提高管理工作效率等重点问题进行了考察与研究，对实际工作的管理人员有相当大的指导作用，受到管理理论和实践工作者的重视。

孔茨认为明茨伯格所归纳的作用是不完整的，在他的理论中找不到一些重要的管理活动，如建立组织、选拔和奖励管理者以及决定主要的策略等，这会使人怀疑在他实例中的管理者是不是真正有效的经理。

十一、管理过程学派

(一) 管理过程学派的基本概念

管理过程学派又叫管理职能学派、经营管理学派，是当代管理理论的主要流派之一，主要致力于研究和说明"管理人员做些什么和如何做好这些工作"，侧重说明管理工作实务。

(二) 管理过程学派的研究对象

管理过程学派的研究对象是管理的过程和职能。他们认为管理就是在组织中通过别人或同别人一起完成工作的过程，管理过程同管理职能是分不开的，所以试图对管理过程和管理职能进行分析，从理性上加以概括，把用于管理实践的概念、原则、理论和方法结合起来形成一门管理学科。管理是一种普遍而实际的过程，与组织的类型或组织中的层次无关，管理知识中有一个纯属管理的核心部分，如直线参谋制、部门化、管理制度、管理评价、管理控制技术等，普遍适用于各种组织和组织中的各个层次，将这些经验加以概括，就成为基本的管理理论。

(三) 管理过程学派的基本信条

1. 管理是可剖析的过程

管理是一个过程，可以通过分析管理人员的职能从理论上很好地对管理加以剖析。

2. 基于经验的基本原理

根据在各种组织中长期从事管理的经验，可以总结出一些基本的管理原理。这些基本管理原理对认识和改进管理工作能起到一种说明和启示的作用。

3. 原理的研究与效用确定

可以围绕这些基本原理开展有益的研究，以确定其实际效用，增大其在实践中的作用和适用范围。

4. 构建管理理论的要素

这些基本管理原理只要没有证明不正确或修正，就可以为形成一种有用的管理理论提供若干要素。

5. 管理是可改进的技能

就像医学和工程学那样，管理是一种可以依靠原理的启发而加以改进的技能。

6. 原理的可靠性

有时在实际管理工作中，会违背某一管理原理而造成损失，或采用其他办法来弥补所造成的损失，但管理中的基本原理与生物学和物理学中的基本原理是一样可靠的。

7. 学科知识的借鉴

管理人员的环境和任务受文化、物理、生物等方面的影响，管理理论也从其他学科中吸取有关的知识，但只限于同管理有关的知识，并非其他学科的杂烩。

（四）管理过程学派的研究方法

一般是首先把管理人员的工作划分为各种职能，如计划、组织、用人、领导和控制等，然后对这些职能进行分析研究，并结合管理实践探索管理的基本规律和原则。在分析基本职能的基础上对每项职能提出一些基本问题，如职能的特点和目的、职能的基本结构、职能过程、技术、方法以及其优缺点、有效实施职能的障碍以及如何排除这些障碍的手段和方法等。

综上所述，现代管理理论的进展是一个不断创新、不断深化的过程。从战后黄金时代的实践探索到理论丛林的多元发展，各种学派相互借鉴、相互融合，共同推动了管理科学的繁荣与进步。面对未来的更加复杂多变的管理环境，我们有理由相信，管理理论将继续发展，为组织的可持续发展提供更加有力的支持。

第二章　经济管理的基础理论

第一节　经济管理的概念、作用与地位

在纷繁复杂的经济体系中，经济管理如同一座灯塔，指引着资源的高效配置与经济活动的有序进行。它不仅关乎国家宏观经济的稳定与发展，也深刻影响着每一个微观经济主体的生存与繁荣。笔者旨在探讨经济管理的概念、内涵及其在经济社会发展中的多重作用，以期为理解并优化经济管理实践提供理论支撑。

一、经济管理的概念解析

经济管理作为一门跨学科的综合学科，其核心在于"管理"与"经济"的深度融合。它不仅仅是对经济活动的简单的监督或调控，还是管理主体（政府、组织、非营利组织等）通过综合运用计划、组织、领导、激励和控制等管理职能，对经济活动中涉及的人力、物力、财力、时间、信息等关键资源进行科学分配与有效利用的过程。这一过程旨在调节社会集团与个人之间的物质利益关系，确保经济活动能够按照既定目标高效、有序地推进，最终实现经济效益的最大化和社会福祉的提升。

经济管理既根植于经济学的理论基础，强调稀缺资源的有效配置与利用，即如何通过市场机制或政府干预等手段，解决资源有限性与需求无限性之间的矛盾；又吸收了管理学的精髓，关注如何根据市场经济规律，对生产经营活动进行精细化的计划、组织、领导与控制，激发组织成员的潜能，推动技术创新与管理创新，从而在激烈的市场竞争中占据有利位置。

二、经济管理的作用探析

(一) 经济管理的"有序化"作用

1. 规范市场行为，减少信息不对称与道德风险

经济管理的首要任务之一是通过制定和执行一系列经济政策、法律法规，为市场参与者提供明确的行为准则。这些规则不仅界定了产权归属、交易规则等基本框架，还通过信息披露制度、监管机制等手段，有效减少了市场中的信息不对称问题。信息不对称是市场失灵的重要原因之一，它可能导致资源错配、效率低下甚至欺诈行为。通过经济管理的介入，强制要求组织公开重要信息，提高市场透明度，投资者和消费者能够基于更全面的信息进行决策，从而降低道德风险，保护市场参与者的合法权益。

2. 维护市场秩序，保障公平竞争

公平竞争是市场经济的基本原则，也是实现资源优化配置的关键。经济管理通过反垄断、反不正当竞争等法律法规的实施，严厉打击市场垄断、价格操纵、虚假宣传等破坏市场秩序的行为，为所有市场主体创造一个公平竞争的舞台。这种有序的市场环境能够激发市场活力，鼓励创新，促进技术进步和产业升级，最终推动整个经济体系的健康发展。

3. 实时监测与预测，及时纠正市场失灵

面对复杂多变的经济环境，经济管理还承担着实时监测经济运行状况、预测未来趋势的重要职责。通过收集和分析宏观经济数据、行业动态信息，经济管理机构能够及时发现经济运行中的问题和风险，如通货膨胀、经济过热、衰退等迹象。在此基础上，政府可以迅速调整经济政策，如调整货币政策、财政政策等，以纠正市场失灵，防止经济波动对社会稳定造成冲击。这种前瞻性的管理和调控确保了经济活动的平稳运行，为经济社会的持续发展提供了有力支撑。

4. 促进经济可持续发展

经济管理的"有序化"作用还体现在其对经济可持续发展的推动上。通过制定和执行绿色经济、循环经济等环保政策，经济管理引导组织和社会各界关注环境保护和资源节约，推动经济发展方式的转变。同时，通过优化产

业结构、促进技术创新等措施，经济管理不断提升经济体系的整体素质和竞争力，为经济社会的长期繁荣奠定了坚实基础。

（二）经济管理的整体推动作用

经济管理作为社会经济发展的核心驱动力，其重要性不言而喻。它不仅关乎国家宏观经济的稳定运行，更是推动产业升级、技术革新、区域协调乃至国际经济合作与交流的关键力量。经济管理的整体推动作用体现在多个维度上，深刻影响着经济社会发展的每一个角落。

1.促进资源优化配置，提升使用效率

资源是有限的，而人类的需求却是无限的。经济管理通过市场机制与宏观调控相结合的手段，有效引导资源的流向，确保资源能够配置到最需要、最能产生效益的领域。这不仅能够减少资源浪费，提升资源使用效率，还能促进经济的可持续发展。例如，通过财政政策、货币政策等宏观调控工具，政府可以调整经济结构，鼓励绿色低碳产业，限制高耗能、高污染行业，从而实现资源的绿色、高效利用。

2.推动产业结构升级与技术进步

经济管理通过政策引导、投资激励等措施，积极促进产业结构向高端化、智能化、绿色化方向转型升级。一方面，加大对科技创新的投入，支持组织研发新技术、新产品，提升产业核心竞争力；另一方面，引导传统产业转型升级，通过技术改造、管理创新等方式焕发新的活力。这种转型升级不仅提高了生产效率，还促进了经济结构的优化，为经济增长注入了新的活力。

3.促进区域协调发展

我国幅员辽阔，各地区发展不平衡是长期存在的问题。经济管理通过制定区域发展战略、优化区域产业布局、加强跨区域合作等方式，有效促进了区域间的协调发展。比如，实施西部大开发、中部崛起、东部率先发展等战略，加大对欠发达地区的支持力度，缩小地区间的发展差距。同时，通过建设自由贸易区、经济特区等开放平台，吸引外资和技术，推动区域经济的快速增长。

4. 促进国际贸易与合作，维护国家经济安全

在全球化背景下，经济管理还承担着促进国际贸易与合作、维护国家经济安全的重要职责。通过参与全球经济治理体系，加强与其他国家和地区的经贸合作，我国不仅扩大了市场、丰富了资源来源，还提升了在国际经济舞台上的话语权和影响力。同时，经济管理还注重防范和化解外部经济风险，如通过外汇管理、贸易救济等措施，保护国内产业免受不公平竞争的损害，维护国家经济安全和利益。

经济管理的整体推动作用是多方面的、深远的。它不仅促进了资源的优化配置和使用效率的提升，还推动了产业结构的升级、技术的进步和区域的协调发展。在全球化背景下，经济管理更是成为连接国内外经济的重要桥梁，为经济社会的全面发展提供了有力支撑。因此，我们应该高度重视经济管理工作，不断创新管理理念和方式方法，以更好地适应时代发展的需要。

（三）经济管理的放大作用

经济管理不仅深刻影响着国家的繁荣与发展，还广泛渗透于社会生活的方方面面，展现出其独特的放大作用。具体而言，经济管理通过科学规划与有效调控，不仅能够显著扩大人类的能力范围，还能够促进系统产出实现倍增效应，成为推动社会进步和经济发展的强大动力。

1. 经济管理：扩大人类能力范围的桥梁

（1）资源优化配置

经济管理通过市场机制与政府调控相结合的方式，实现资源的优化配置。它如同一位精明的导航者，引导资源流向最需要、最能有效利用它们的领域。无论是自然资源、人力资源还是金融资本，在经济管理的指导下，都能得到更加合理、高效的利用，从而极大地提升了人类利用资源、创造价值的能力范围。例如，通过技术创新和产业升级，组织能够突破原有生产能力的限制，开发出更高附加值的产品，满足更广泛的市场需求。

（2）信息与知识管理

在信息时代，经济管理还扮演着信息与知识整合与传递的重要角色。通过构建完善的信息系统和知识管理体系，经济管理能够加速知识的传播与应用，促进技术创新和商业模式创新。这不仅提高了个人和组织的决策效率，还增强了人类应对复杂挑战、解决新问题的能力。例如，大数据分析、人工智能等技术的应用，使经济管理能够精准预测市场趋势，为决策提供科学依据，进一步拓展了人类的能力边界。

2. 经济管理：系统产出倍增的催化剂

（1）提升生产效率

经济管理通过引入先进的管理理念和方法，如精益生产、六西格玛等，不断提升生产效率和产品质量。这些管理方法强调流程优化、成本控制和持续改进，有助于企业实现规模化生产和定制化服务的有机结合，从而在满足市场需求的同时，还能大幅提升系统产出。例如，通过自动化和智能化改造，生产线能够24小时不间断运行，且错误率大大降低，显著提高了生产效率和产品竞争力。

（2）促进产业升级与转型

经济管理还积极推动产业结构的优化升级和转型发展。在全球化背景下，各国都在寻求通过产业升级来增强经济竞争力。经济管理通过政策引导、资金支持和技术创新等手段，鼓励传统产业转型升级，同时大力发展新兴产业和高技术产业。这种产业升级的过程，不仅提高了整体产业的附加值，还促进了产业链的延伸和拓展，实现了系统产出的倍增效应。例如，从传统的制造业向智能制造、绿色制造转型，不仅提升了产品的技术含量和环保性能，还带动了相关产业链上下游组织的协同发展。

经济管理以其独特的放大作用，在扩大人类能力范围和促进系统产出倍增方面发挥着不可替代的作用。通过优化资源配置、提升生产效率、促进产业升级与转型等措施，经济管理不仅推动了经济的持续健康发展，还为人类社会的全面进步提供了强大的动力。未来，随着科技的进步和全球化的深入发展，经济管理的作用将更加凸显，成为引领时代潮流、推动社会变革的重要力量。

三、经济管理的地位分析

经济管理在现代社会经济体系中扮演着至关重要的角色，它不仅是一门学科，也是一种实践方法，对于国家经济的稳定和发展起着决定性的作用。以下是经济管理地位的几个关键方面：

（一）学科分类与应用

1. 综合性学科

经济管理属于经济学门类的应用经济学学科，它融合了多种社会科学和自然科学的知识，如经济学、政治学、心理学、统计学等，旨在通过综合应用这些知识来解决经济问题。

2. 经济活动的组织与调节

经济管理主要研究如何对社会经济活动进行合理的组织和调节，包括宏观经济管理和微观经济管理两个层面。它涉及国家对经济体系的调控、组织及个体经营者的管理等。

（二）对经济发展的影响

1. 促进经济发展

在经济发展过程中，经济管理通过宏观调控和微观管理，确保经济体系的健康运行，促进经济增长。特别是在市场经济体制下，经济管理是确保市场机制有效运作和弥补市场失灵的关键。

2. 政府与组织的角色

政府在经济管理中发挥着宏观调控的作用，通过政策制定和实施来引导经济朝着更健康的方向发展。同时，组织和其他组织在微观管理层面也发挥着不可或缺的作用。

（三）管理经济学的地位

管理经济学在工商管理学科中占据核心地位，它不仅得到管理学理论的支持，而且提供了决策分析方法和概念澄清，帮助管理者做出更好的决策。

综上所述，经济管理在现代化经济体系中具有高度的战略性和实践性，它不仅是学术研究的领域，也是政策制定和经济实践的重要依据。无论是对国家经济政策的制定，还是组织日常运营的管理，经济管理都发挥着不可或缺的作用。随着经济环境的变化，经济管理的重要性只会继续增长。

第二节　经济管理原则与方法

一、经济管理原则

(一) 整分合原则与相对封闭原则

1. 整分合原则

整分合原则是实现高效经济管理的基石。它强调在整体规划下明确分工，并在分工基础上进行有效的综合。具体而言，整分合原则包括三个步骤：首先，确立整体目标，对系统环境及系统本身属性进行深入分析，明确管理活动的总体方向；其次，进行系统分解，将整体目标细化为具体任务，分配到各个部门和岗位；最后，进行综合协调，确保各部门、各环节之间的协作与联系，形成合力，共同推动整体目标的实现。整分合原则的核心在于整体与部分的辩证统一，既要有全局观念，又要注重细节落实。

2. 相对封闭原则

相对封闭原则是对整分合原则的补充和完善。它要求管理系统内部各环节必须首尾相接，形成回路，使各个环节的功能作用都能充分发挥。同时，对于系统外部，任何闭合系统又必须具有开放性，与相关系统保持输入、输出关系。这一原则强调管理系统的相对独立性和完整性，通过内部封闭实现高效运作，同时保持与外部环境的动态平衡。相对封闭原则的应用有助于提升管理系统的稳定性和适应性，确保管理活动在复杂多变的经济环境中持续有效。

(二) 反馈原则与弹性原则

1. 反馈原则

反馈原则是现代经济管理的重要原则之一。它要求管理者及时了解所发生指令的反馈信息，并根据反馈信息对管理活动进行及时的调整和优化。反馈机制的存在使得管理活动成为一个闭环系统，能够不断修正偏差，确保管理目标的实现。在经济管理中，建立灵敏、准确、有利的反馈机制至关重要，它能够帮助管理者及时发现问题、解决问题，提高管理效率和质量。

2. 弹性原则

弹性原则强调管理活动必须具有很强的适应性和灵活性。在快速变化的经济环境中，管理系统需要不断地适应外部环境的变化和内部条件的调整。弹性原则要求管理者具备敏锐的洞察力和果断的决策力，能够迅速调整管理策略和方法，以应对各种不确定性和风险。同时，弹性原则还强调管理系统的自我修复和创新能力，通过不断学习和改进，提升管理系统的整体效能。

（三）能级原则与行为原则

1. 能级原则

能级原则是指根据人的能力大小赋予相应的权力和责任，使组织的每一个人都各司其职，以此来保持和发挥组织的整体效用。在经济管理中，能级原则要求管理者根据员工的能力和特长进行合理分工和资源配置，确保每个员工都能在适合自己的岗位上发挥最大效用。同时，能级原则还强调权力和责任的统一，即赋予员工权力的同时必须明确其责任和义务，以确保管理活动的有序进行。

2. 行为原则

行为原则强调管理者需要掌握和熟悉被管理对象的行为规律，进行科学的分析和有效的管理。行为是人类在认识和改造世界的实践中发生并通过社会关系表现出来的自觉的、能动的活动。在经济管理中，管理者需要深入了解员工的需求和动机，通过激励和引导激发员工的积极性和创造力。同时，管理者还需要关注员工的行为表现和工作成效，及时给予反馈和指导，帮助员工不断提升自我能力和工作绩效。

经济管理原则是现代组织运行的重要指导方针。整分合原则与相对封闭原则、反馈原则与弹性原则、能级原则与行为原则共同构成了经济管理的核心框架。在实际应用中，管理者需要根据具体情况灵活运用这些原则，不断优化管理策略和方法，以应对复杂多变的经济环境挑战，推动组织持续健康发展。

二、经济管理方法

(一)经济管理方法概述

经济管理方法作为管理者为实现组织预定目标而精心设计的策略集合，其内涵丰富，跨越了单一的经济领域，广泛融合了行政、法律、社会学、心理学等多学科智慧，成为连接理论与实践、策略与执行的桥梁。

1. 经济管理方法的多元性

经济管理方法并非孤立存在，而是由一系列相互关联、相互补充的要素构成的综合体系。其中，经济方法以其直接利用经济杠杆（如价格、税收、信贷等）调节经济活动的特性，成为最基础且直接有效的手段。然而，随着管理实践的深入，人们逐渐认识到，单纯依赖经济方法难以应对所有的管理挑战。因此，行政方法以其强制性、权威性，法律方法以其规范性、稳定性，以及社会学、心理学方法以其对人性的深刻洞察，共同构成了经济管理方法的多元格局。

2. 经济管理方法的功能与作用

(1) 提升经济效率

通过合理配置资源、优化生产流程、激发员工积极性等措施，经济管理方法能够显著提升组织的经济效率，降低运营成本，增强市场竞争力。

(2) 促进目标实现

明确的目标导向是经济管理方法的核心特征之一。通过设定清晰的目标体系、制定实施计划、监控执行过程并适时调整策略，经济管理方法确保组织能够沿着既定方向稳步前进。

(3) 增强组织适应性

面对外部环境的变化，经济管理方法强调灵活应变，通过快速响应市场信号、调整管理策略、创新管理模式等方式，增强组织的适应性和抗风险能力。

(4) 促进和谐共生

在追求经济效益的同时，经济管理方法也注重社会效益和环境效益的平衡。通过引入社会责任理念、实施绿色发展战略等措施，促进组织与社会的和谐共生。

3. 经济管理方法的选择与运用

经济管理方法的选择与运用具有高度的主观性，它取决于管理者的管理理念、组织特性、外部环境等多种因素。因此，在实践中，管理者需要综合考虑各种因素，来灵活运用不同的经济管理方法。

（1）因时制宜

根据组织发展的不同阶段和外部环境的变化，适时调整经济管理方法。例如，在初创期，可能更注重激励措施的运用；而在成熟期，则可能更侧重于成本控制和风险管理。

（2）因地制宜

不同行业、不同地区的组织面临着不同的管理挑战。因此，在选择经济管理方法时，需要充分考虑行业特性和地域差异，制定符合自身实际的管理策略。

（3）以人为本

人是组织中最宝贵的资源。经济管理方法应充分尊重员工的主体地位，关注员工的需求和成长，通过激励机制、培训发展等措施，激发员工的积极性和创造力。

（二）经济管理的基本方法

1. 经济方法的特点

（1）利益驱动性

经济方法的核心在于通过经济利益来引导和调节经济行为。无论是组织还是个人，在追求自身利益最大化的过程中，会不自觉地遵循市场规律，优化资源配置，提高生产效率。这种利益驱动机制有效激发了经济主体的积极性和创造力，促进了经济的整体繁荣。

（2）普遍性

经济方法具有广泛的适用性，几乎渗透到经济活动的每一个角落。无论是宏观经济的调控，如货币政策的实施，还是微观组织的经营管理，如成本控制和利润最大化，都离不开经济方法的运用。其普遍性使得经济方法成为连接不同经济层面、促进经济体系顺畅运行的桥梁。

（3）持久性

与其他管理手段相比，经济方法具有更强的持久性。一旦形成有效的经济激励机制或约束机制，便能在较长时间内持续发挥作用，引导经济主体按照既定的目标和方向前进。这种持久性为经济的稳定增长提供了有力的保障。

（4）平等性

经济方法强调市场机制的公平性，所有经济主体在市场竞争中处于平等地位，遵循着相同的经济规律和市场规则。这种平等性不仅促进了资源的有效配置，还维护了经济秩序的稳定，为经济的健康发展创造了良好的环境。

（5）灵活性

经济方法具有高度的灵活性，能够根据经济形势的变化及时调整政策和措施。例如，在经济过热时，政府可以通过提高利率、增加税收等手段来抑制投资和消费；而在经济衰退时，则可以通过降低利率、减税等措施来刺激经济增长。这种灵活性使得经济方法能够更好地应对各种经济挑战。

2. 经济方法的形式

（1）价格

价格是经济方法中最基本、最直接的形式。通过价格的变动，可以反映市场供求关系的变化，引导资源在不同部门和行业之间的流动。合理的价格机制是市场机制有效运行的关键。

（2）利率

利率作为资金的价格，对经济的调节作用不可忽视。通过调整利率水平，可以影响储蓄和投资行为，进而调节总需求和总供给的平衡。同时，利率也是货币政策的重要工具之一。

（3）税收

税收是国家宏观调控的重要手段之一。通过税收的征收和减免，可以调节收入分配、促进资源合理配置、引导产业结构升级等。合理的税收制度对于维护经济秩序、促进社会公平具有重要意义。

（4）利润

利润是组织追求的目标之一，也是经济方法的重要形式之一。通过追求利润最大化，组织会不断优化生产流程、提高产品质量、降低成本费用等，从而提高市场竞争力。同时，利润也是组织再生产和扩大规模的重要资金来源。

(5) 工资

工资是劳动力市场的价格体现，也是经济方法的重要组成部分。合理的工资制度可以激发员工的工作积极性和创造力，从而提高劳动生产率；同时也有助于调节劳动力市场的供求关系，维护社会稳定。

(6) 奖金与罚款

奖金与罚款作为经济激励和约束的一种手段，广泛应用于组织管理和市场监管中。通过设立奖金制度，可以激发员工的积极性和创新精神；而通过罚款制度，则可以约束经济主体的不良行为，维护市场秩序和公平竞争。

3. 行政方法

(1) 行政方法的特点

①强制性。行政方法的强制性是其最显著的特征之一。它依靠国家行政机关的权威，通过发布命令、规定等方式，要求被管理对象必须遵守和执行。这种强制性确保了政策、法规等经济管理措施能够迅速、有效地得到贯彻落实，维护了经济秩序的稳定性和公正性。

②直接性。行政方法直接作用于管理对象，减少了中间环节，提高了管理效率。与通过市场机制间接调节相比，行政方法能够迅速地对经济问题进行干预，直接解决经济活动中出现的矛盾和问题，确保经济目标的顺利实现。

③垂直性。行政方法遵循严格的等级制度，自上而下进行管理和控制。这种垂直性确保了政策执行的一致性和连贯性，避免了因层级过多或沟通不畅而导致的政策扭曲或执行不力。同时，垂直管理也便于上级机关对下级机关进行有效监督和指导。

④无偿性。行政方法的运用往往不直接涉及经济利益的交换，而是基于公共利益和整体经济发展的需要。这意味着行政机关在行使管理职能时，不需要向被管理对象支付费用或进行经济补偿，体现了行政管理的公益性和权威性。

4. 行政方法的形式

(1) 命令与规定

命令是行政机关以书面形式直接要求下级机关或个人必须执行的指令。规定则是行政机关为规范特定领域内的行为而制定的具有普遍约束力的规范性文件。这两种形式都是行政方法中最具强制性的手段。

(2) 指示与制度

指示是行政机关对下级机关或个人在具体工作中如何行动给出的方向性指导。制度则是为规范经济行为而建立的一系列规则、程序和标准的总和，具有长期性和稳定性。

(3) 计划与指挥

计划是行政机关对未来经济活动的预先安排和部署，为经济管理提供了明确的目标和方向。指挥则是行政机关根据计划要求，对下级机关或个人进行的具体工作部署和调度。

(4) 监督与检查

监督是行政机关对经济活动全过程的跟踪和监控，以确保各项政策、法规的贯彻执行。检查则是对经济活动结果进行的评估和验证，以发现问题并督促整改。

(5) 协调与仲裁

协调是行政机关在处理经济活动中的各方利益关系时采取的平衡措施，旨在促进各方合作与共赢。仲裁则是行政机关对经济纠纷进行的居中裁决，以维护经济秩序和公平正义。

(6) 行政处分

行政处分是行政机关对违反行政法规、纪律的机关或个人进行的惩戒性处理，以维护行政管理的权威性和严肃性。

5. 法律方法

在当今复杂多变的经济环境中，有效的经济管理不仅是国家繁荣稳定的基石，也是组织持续健康发展的关键。法律方法作为经济管理的重要手段之一，通过其独特的权威性、规范性和强制性，为经济活动提供了清晰的行为框架和争议解决机制。法律方法的运用主要包括立法、司法、仲裁以及法律教育四种形式，它们相互补充、协同作用，共同构建了一个全面、高效的

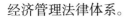

经济管理法律体系。

（1）立法：奠定经济基础的法律框架

立法是经济管理中法律方法的首要环节，它通过制定和颁布法律法规，为经济活动提供基本的行为准则和制度保障。立法活动不仅涉及宏观经济政策的法律化，如税法、反垄断法、金融法等，还深入微观经济层面，规范组织行为，保护消费者权益，促进市场公平竞争。立法的过程是民主与科学的结合，需要广泛听取社会各界意见，确保法律的公正性、合理性和可操作性，从而为经济发展创造一个稳定、可预期的法律环境。

（2）司法：维护经济秩序的正义之剑

司法是法律方法在经济管理中实施的重要环节，它通过法院等司法机关对经济纠纷的审理和判决，维护经济秩序，保障法律的正确实施。司法活动不仅解决了经济活动中的具体争议，还通过判例确立了法律原则和规则，为类似案件的处理提供了参考。司法公正对于维护市场主体的合法权益、打击经济犯罪、促进经济健康发展具有不可替代的作用。同时，司法效率的提高也是现代司法改革的重要方向，旨在快速、有效地解决经济纠纷，降低交易成本，提升市场效率。

（3）仲裁：灵活高效的经济纠纷解决机制

仲裁作为法律方法在经济管理中的另一种重要形式，以其专业性、灵活性和高效性而受到社会的广泛欢迎。仲裁机构通常由具有专业知识的仲裁员组成，能够针对经济领域的特定问题提供专业意见和裁决。与司法程序相比，仲裁程序更加简便快捷，且仲裁裁决具有法律效力，可以有效避免司法程序中的烦琐和拖延。仲裁机制特别适用于国际贸易、投资等领域，为跨国经济纠纷提供了有效的解决途径。

（4）法律教育：培养法治精神与经济管理人才

法律教育是法律方法在经济管理中持续发挥作用的基础。通过系统的法律教育，不仅可以培养具有扎实法律基础知识和实践能力的法律人才，还能够提升全社会的法律意识和法治观念。在经济管理中，具备法律素养的经济管理人才能够更好地理解和运用法律规则，规避法律风险，促进组织合规经营。同时，法律教育还注重培养学生的创新思维和问题解决能力，以适应不断变化的经济环境和法律要求。

综上所述，法律方法在经济管理中的运用是一个系统工程，需要立法、司法、仲裁和法律教育等多方面的协同努力。不断完善法律体系、提高司法效率、推广仲裁制度以及加强法律教育，我们可以为经济发展创造一个更加公平、透明、可预期的法律环境，推动经济持续健康发展。

第三章　经济管理的理论依托

第一节　供求的一般理论探究

一、有效需求理论

(一)西方学界对有效需求的界定

在经济学的发展历程中，有效需求这一概念一直占据着核心地位，不同的经济学家从不同的理论视角对其进行了深入的探讨和界定。笔者将从瓦尔拉斯的一般均衡模型、马尔萨斯的影响、凯恩斯的贡献以及马克思的界定四个方面，对西方学界对有效需求的理解进行阐述。

1. 瓦尔拉斯一般均衡模型中的有效需求

瓦尔拉斯（Walras）是建立一般均衡理论的先驱，他的理论为有效需求的概念提供了重要的理论基础。在瓦尔拉斯的一般均衡模型中，有效需求被定义为市场达到均衡时，每种商品的总需求与总供给相等时的需求水平。这一模型强调了市场上所有商品和服务的供求关系，以及它们如何通过价格机制达到均衡。瓦尔拉斯认为，市场上的总需求和总供给只是商品价格的函数，生产者追求生产的最大利润，而消费者追求消费的最大效用。在这种框架下，有效需求成为连接生产与消费、供给与需求的重要桥梁，是市场达到均衡的关键。

2. 马尔萨斯的影响

托马斯·罗伯特·马尔萨斯（Thomas Robert Malthus）对有效需求的理解，主要体现在他提出的有效需求不足危机论中。马尔萨斯认为，生产与消费或供给与需求之间的关系是生产发展的条件。如果发生有效需求不足，即消费者没有足够的购买力来支付生产所需的工资、利息和地租，就会导致生产普遍过剩的经济危机。他强调，维持足够的"有效需求"是产品顺利实现的关键，也是避免经济危机的必要条件。马尔萨斯的理论揭示了有效需求在经济运行中的重要作用，为后来经济学家探讨有效需求问题提供了重要启示。

3. 凯恩斯的贡献

约翰·梅纳德·凯恩斯（John Maynard Keynes）对有效需求理论的贡献是里程碑式的。他在《就业、利息和货币通论》中提出了著名的凯恩斯主义理论，强调有效需求不足是导致经济萧条和失业的主要原因。凯恩斯认为，由于边际消费倾向递减、资本边际效率递减以及流动性偏好的存在，社会有效需求往往低于充分就业所需的水平，从而导致经济衰退和失业。为了弥补有效需求的不足，凯恩斯主张政府应通过财政政策和货币政策来刺激需求，实现经济的稳定增长。凯恩斯的理论为现代宏观经济学的发展奠定了基础，也为经济政策制定提供了新的视角和工具。

4. 马克思对有效需求的界定

虽然卡尔·马克思（Karl Marx）没有直接使用"有效需求"这一术语，但他的经济理论中包含了对有效需求问题的深刻洞察。在马克思看来，有效需求不仅取决于消费者的购买力和消费倾向，还受到生产关系、分配制度以及社会经济结构等多种因素的影响。马克思认为，资本主义社会中的有效需求不足是资本主义制度内在矛盾的必然结果。他指出，在资本主义生产方式下，生产资料的私人占有与生产的社会化之间的矛盾日益加剧，导致生产相对过剩和有效需求不足。为了解决这个问题，马克思提出了社会主义和共产主义的理想社会形态，以实现生产资料的公有制和按需分配，从而消除有效需求不足的根源。

西方学界对有效需求的界定经历了从瓦尔拉斯的一般均衡模型到马尔萨斯的有效需求不足危机论，再到凯恩斯的凯恩斯主义理论以及马克思的深刻洞察。这些理论成果不仅丰富了我们对有效需求问题的认识和理解，也为经济政策制定提供了重要的理论依据和实践指导。在当今全球经济一体化的背景下，深入研究和探讨有效需求问题仍具有重要的现实意义和理论价值。

（二）国内学界对有效需求的界定

在经济学的广阔领域中，有效需求作为连接生产与消费、供给与需求的关键概念，其界定一直是学术界探讨的热点之一。在中国，随着市场经济的不断发展和经济理论的深入研究，多数学者对有效需求的界定逐渐形成了三大类主流观点，这些观点各具特色，深刻反映了国内学者对市场经济运行规律的不同理解和阐释。

1. 第一类观点：社会总需求的总和

第一类观点认为"有效需求"是指社会总需求，即单个消费者和单个厂商需求的总和。这一界定强调了需求的整体性和广泛性，认为有效需求不仅仅是个体行为的简单加总，而是整个社会经济活动中所有参与者需求的集合体现。这种观点侧重于从宏观视角审视经济系统，认为经济的增长和稳定依赖于整体需求的规模和结构。然而，它忽略了需求与供给之间的动态平衡关系，以及不同需求对经济增长贡献的差异。

2. 第二类观点：与总供给价格相等的总需求价格

第二类观点则深受凯恩斯有效需求理论的影响，将"有效需求"定义为与总供给价格相等的社会总需求价格，即能够促使组织在正常生产条件下获得最大利润的总需求水平。这一界定突出了需求与供给之间的均衡关系，认为只有在需求与供给价格相匹配时，经济才能实现充分就业和稳定增长。凯恩斯的理论强调了政府干预在调节有效需求、促进经济均衡中的重要作用，为现代宏观经济政策制定提供了重要的理论依据。然而，该观点也面临着如何准确衡量总供给价格和如何实现需求与供给动态平衡的挑战。

3. 第三类观点：市场上有支付能力的需求

第三类观点，即市场上有支付能力的需求，是至今为止国内比较认可的一种界定方式。这一观点强调有效需求不仅体现在需求的总量上，更在于其是否具有支付能力，即消费者或投资者是否具备满足其需求所需的货币或信用资源。具体而言，有效需求包括消费需求、投资需求和国外需求，这些需求均受到收入支出的制约和影响。这种界定方式既考虑了需求的数量维度，也兼顾了其质量特征，即需求的实现必须建立在一定的经济基础之上。

在这一框架下，国内学者进一步探讨了如何通过政策手段促进有效需求的形成和增长。例如，通过提高居民收入水平、优化消费环境、引导合理投资以及扩大对外开放等措施，来增强市场主体的支付能力和消费意愿，从而激发有效需求的潜力。同时，也强调了供给侧结构性改革的重要性，即通过提高产品和服务的质量与效率，来更好地满足市场需求，实现供需双方的良性互动和经济的持续健康发展。

国内学界对有效需求的界定呈现出多元化的特点，不同观点之间既有差异也有联系，共同构成了对有效需求问题深入理解的丰富图景。这些探讨不仅丰富了经济学理论宝库，也为我国经济政策的制定和实施提供了重要的理论支撑和实践指导。

(三) 本书对有效需求的界定

有效需求是一个经济学概念，它指的是一种需求，即消费者不仅有购买的欲望，而且也有购买的能力。这种需求不仅是潜在的，而且是实际存在的，因为它能够转化为消费。

1. 有效需求的定义

有效需求是总供给，它包括消费需求（消费支出）和投资支出，并决定社会就业量和国民收入的大小。有效需求并不一定能实现充分就业。影响有效需求的主要有三个因素：消费倾向、对资本资产未来收益的预期以及流动偏好。

2. 有效需求与潜在需求的区别

有效需求与潜在需求之间的主要区别在于是否有购买能力。潜在需求是指消费者有购买欲望但没有购买能力的情况，这种需求不会转化为实际的消费。而有效需求则是指消费者既有购买欲望又有购买能力的情况，这种需求能够真正地转化为消费。

3. 有效需求的影响因素

有效需求不仅取决于消费者的购买欲望和购买能力，而且还受到其他因素的影响，如消费倾向、对资本资产未来收益的预期以及流动偏好。这些因素会影响消费者的支出模式和投资决策，从而影响有效需求的大小。

有效需求是消费者的实际购买能力与购买欲望的结合，它不仅体现了消费者的真实需求，也是推动经济发展的重要力量。通过对有效需求的分析和研究，我们可以更好地理解市场需求的变化趋势，从而制定出更加科学合理的经济政策。

二、供给理论

(一) 供给的概念

经济学中的供给是指生产者在某一特定时期内，在每一价格水平上生产者愿意并且能够生产的一定数量的商品或劳务，或生产出一定数量的商品后愿意并且能够售出的商品或劳务数量；能够提供给出售市场的商品总量，包括已经处在市场上的商品的流量和生产者能够提供给市场的商品的存量。

(二) 西方供给理论

1. 亚当·斯密的供给理论

亚当·斯密是英国古典政治经济学的杰出代表，他的理论对现代经济学的发展产生了深远的影响。供给理论是经济学中的核心概念之一，它研究的是生产者在不同价格下愿意并且能够提供的商品和服务的数量。亚当·斯密的供给理论主要包括以下几个方面：

(1) 供给的决定因素

亚当·斯密认为，供给的决定因素主要有两个：生产成本和生产技术。生产成本包括生产商品时投入的原材料费用、劳动力成本等。生产技术则涉及生产过程中的效率和创新能力。在其他条件不变的情况下，商品的生产成本上升，供给量通常会减少；反之，如果生产成本下降，供给量通常会增加。此外，先进的生产技术可以提高生产效率，从而增加供给量。

(2) 供给曲线

在亚当·斯密的理论中，供给曲线是一个关键的概念。供给曲线表示在不同的价格水平下，生产者愿意且能够提供的商品数量。这条曲线通常呈上升趋势，因为随着商品价格的上涨，生产者有更强的激励去增加产量。

(3) 自然秩序与市场机制

亚当·斯密相信，市场中的自由竞争会导致资源的最佳配置。他认为，在不受政府干预的情况下，市场会通过价格机制自动调整供给和需求，从而实现经济的稳定和增长。这种观点被称为"看不见的手"的原理。

（4）对亚当·斯密供给理论的评价

亚当·斯密的供给理论强调了市场机制在资源配置中的重要作用，这一理论对后来的经济学发展产生了深远的影响。然而，也有批评指出，他的理论没有充分考虑到市场失灵的情况，例如外部性、公共物品等问题。此外，他的理论也没有考虑到技术进步对供给的长期影响。

亚当·斯密的供给理论为我们理解市场经济中的价格形成和市场功能提供了重要的理论基础。尽管这一理论存在一定的局限性，但它仍然是现代经济学中不可或缺的一部分。

2. 萨伊的供给理论

（1）萨伊定律的核心观点

萨伊提出"供给自动创造需求"的观点，这是萨伊定律最为核心的内容。也就是说一种产物一经产出，从那时刻起就给价值与它相等的其他产品开辟了销路。这意味着在市场经济条件下，不会出现产品过剩或不足的现象，供给被认为是实际需求得以维持的唯一源泉。

（2）萨伊定律中的生产与消费关系

萨伊定律其实与古典主义理论有密切联系，古典主义者如大卫·李嘉图和詹姆斯·穆勒（斯图亚特·穆勒的父亲）也有类似表述。老穆勒曾说过生产、分配、交换只是手段，谁也不为生产而生产，目的是消费。生产者是为求达到消费目的，形成对其他商品的需求才进行生产性的劳动。因为在商品的流通过程中，生产者的生产引起了对其他生产者的商品需求，整个经济体系达到循环，某一数量商品的供给带动了对相同数量商品的需求，从而古典学派经济学者得出生产过剩不可能在流通过程发生的结论。

（3）萨伊理论对于经济问题的看法

萨伊否定经济萧条的存在，否定长期失业的存在，否定流通过剩的存在。他认为没有人会生产无需求的产品，若产品滞销，一定是供给出了问题，而不是需求的问题。例如，假如市场严重过剩，组织则会降价销售，相当于提升产品的性价比，这实际上是在供给端解决问题；或者是开发出新产品，替代过剩的产品，重新激活市场，这也是在供给端解决问题，萨伊将解决经济问题的方向指向供给端，而非凯恩斯所强调的需求端。

(4) 与其他经济学派观点的对比

第一，与凯恩斯学派的对比。凯恩斯学派认为由于边际消费倾向递减、资本边际效率递减和流动性偏好三大心理规律的存在，总需求均衡于总供给只是一种偶然现象，所以政府需要通过政策干预弥补有效需求不足。而萨伊定律认为供给能自动创造需求，不需要通过政府干预需求来调节经济，这是两者的主要区别所在。并且萨伊定律还被 20 世纪 30 年代资本主义的大危机打破，当时的大危机呈现出需求与供给不匹配，商品大量剩余，资源普遍闲置，工人失业，经济萧条的状况，凯恩斯的理论也因此兴起。

第二，与美国供给学派的关联。美国供给学派的基本政策主张在本质上与萨伊定律有相通之处，都是从如何更好地激活和利用生产要素入手，通过优化配置现有的要素供给效率，从而改善商品供给和提高国民经济的总产出。例如美国供给学派认为通过持久地降低税率，特别是降低边际税率，将会刺激人们的工作积极性，使个人增加储蓄，使组织扩大投资，从而激活劳动力、资本等生产要素，增加国家商品和劳务的供给，这也是从供给端出发解决经济问题，与萨伊定律强调供给的重要性相呼应。

3. 阿瑟·拉弗（Arthur Laffer）

阿瑟·拉弗是美国供应派经济学家，他提出的供给理论中最著名的部分就是拉弗曲线。该理论指出，税率与税收收入之间存在一个最佳点，超过这个点，税收收入将会开始减少。拉弗曲线认为，如果税率过高，税收收入可能会减少，因为这会导致人们减少工作和投资的积极性；相反，如果税率适中，既可以鼓励人们的工作热情，又可以保证政府有足够的税收收入。

(1) 拉弗曲线的基本原理

拉弗曲线的基本原理是，税率的提高并不一定会带来税收收入的增加。在税率超过一定水平后，税收收入将会开始下降。这是因为高税率会抑制经济活动，导致人们减少工作和投资的积极性。拉弗曲线强调了税率与税收收入之间的倒 U 形关系，指出在某个税率水平之前，提高税率会增加税收，但超过这个点后，税收将会开始下降。

(2) 拉弗曲线的政策含义

拉弗曲线的政策含义在于，政府可以通过减税来刺激经济增长和提高税收收入。如果税率过高，减税可以激励人们增加工作和投资，从而增加整体的产出和税收。拉弗曲线为供给学派提供了一个理论基础，支持通过减税来刺激经济活动的观点。里根政府在20世纪80年代实施的大规模减税政策就是基于这一理论。

（3）拉弗曲线的争议

尽管拉弗曲线在经济学界有着广泛的影响，但它也受到了一些批评和争议。一些经济学家认为，拉弗曲线过于简化了现实情况，忽略了税收在提供公共服务和社会福利方面的作用。此外，不同国家和地区的实际情况差异很大，拉弗曲线可能不适用于所有情况。

阿瑟·拉弗的供给理论主要是通过拉弗曲线来表达的，它强调了税率与税收收入之间的关系，并提出了减税可以刺激经济增长和提高税收的论点。尽管存在争议，但拉弗曲线为供给学派提供了重要的理论基础，并对税收政策产生了深远的影响。

4. 马丁·费尔德斯坦（Martin Feldstein）

马丁·费尔德斯坦（Martin Feldstein）是美国著名的经济学家，被誉为"供应学派经济学之父"。他的供给理论主要包括以下几个方面：

（1）对供给学派的贡献

费尔德斯坦是"中间供给学派"的主要代表人物，不同于传统的"正统供给学派"，他的理论更加注重供给方面的改革。

（2）关于税收政策

费尔德斯坦主张减税实际上能提高税收收入，这一观点与传统的税收理论有所不同。他认为，减税可以刺激经济增长，从而增加政府的总体税收收入。

（3）提高储蓄和投资

费尔德斯坦强调增加储蓄的重要性，认为这是提高供给能力的关键。他主张减少政府对市场的干预，充分发挥个人的积极性和创造性，提高生产效率。

（4）政策主张

费尔德斯坦的政策主张包括平衡预算收支、削减不必要的支出、改革税收体制、推行低货币增长率、倡导废除束缚生产的一些规章制度等。

（5）财政赤字与通货膨胀的关系

费尔德斯坦提出了著名的"费尔德斯坦曲线"，这是一个说明财政赤字对通货膨胀、资本形成的影响及其相互关系的一个分析模型。

（6）经济增长模型

费尔德斯坦的经济增长模型建立在同凯恩斯主义完全不同的经济假设条件之上，他认为，在充分就业和经济增长的条件下，财政赤字的增加可以表现为政府债券或货币供给的增加，或两者同时增加。

马丁·费尔德斯坦的供给理论是一个全面的框架，它不仅包括税收政策、储蓄和投资等方面的观点，还涉及财政赤字与通货膨胀的关系以及经济增长模型的构建。他的理论强调了供给方面的改革对于经济增长的重要性，并为政策制定者提供了一个有力的分析工具。

5. 诺尔曼·图尔（Norman Tour）

供给经济学派中，诺尔曼·图尔是代表性人物之一。这一学派强调供给在经济中的重要性，特别是在生产率低下和供给不足的问题上。供给学派的理论观点主要包括以下几个方面，如表3-1所示：

表3-1 供给学派的理论观点

理论要点	说明
供给的重要性	供给学派认为经济的关键问题在于供给，即生产率的低下和供给不足，而非需求不足
萨伊定律	该学派复活了古代的萨伊定律，认为供给创造需求。因此，刺激生产的关键是增加资本积累和个人的生产积极性
税率与生产率	供给学派认为税率过高是导致生产率低下的根本原因，因此减税是提高生产率和解决供给不足问题的当务之急
自由放任	该学派主张保持自由竞争，认为政府的过度干预会压制组织积极性和首创精神，从而不利于生产的发展

供给学派的理论观点在实践中得到了应用，特别是在减税政策方面。以拉弗曲线为中心的减税理论为供给学派的中心思想，这一理论认为通过减税可以刺激生产，提高经济增长率。此外，供给学派的主张也被里根政府所接受，并体现在1980年里根执政后的"经济复兴计划"中。

诺尔曼·图尔作为供给经济学派的重要代表人物，其理论强调了供给在经济发展中的核心作用，提出了减税、自由放任等政策建议。这些理论不仅对经济学领域产生了深远的影响，也在实际政策制定中得到了应用。

这些经济学家也属于供给经济学的激进派，他们与拉弗和费尔德斯坦一起，倡导通过供给方面的改革来促进经济增长。

6. 保罗·罗伯茨（Paul Roberts）

保罗·罗伯茨是供给学派经济学的主要代表人物之一。供给学派经济学，也称为供应学派经济学，是 20 世纪 70 年代在美国兴起的一个经济学流派，主要强调供给（即生产）在经济中的重要性。

保罗·罗伯茨的供给理论主张主要包括以下几个方面：

（1）减税政策

供给学派认为，高边际税率会降低人们工作的积极性，阻碍投资，降低资本存量；而低边际税率会提高人们工作的积极性，鼓励投资，提高资本存量。此外，他们认为边际税率的高低和税收量的大小不一定按同一方向变化，甚至还有可能按相反方向变化。降低边际税率可以防止逃税漏税。

（2）限制政府干预

供给学派反对政府过多干预，主张放宽或取消对组织经营的限制，恢复组织自由经营，以激发生产经营的积极性。

（3）稳定币值

供给学派认为，通货膨胀将严重损害有效供给，从而妨碍经济增长。因此，他们主张稳定币值，减少政府管制。

保罗·罗伯茨的供给理论在美国乃至全球经济政策制定中产生了重要影响。例如，在 1980 年里根执政后制订的经济复兴计划中，就包含了供给学派的理论和政策主张。这些政策主张包括大幅度降低税率、减少国家对经济的干预和对组织经营活动的限制、减少政府支出主要是减少福利支出、控制货币供给量、稳定物价等。

保罗·罗伯茨的作品《供应学派革命：华盛顿决策内幕》是一部有影响的、比较系统地论述供应学派经济学的理论和实践的著作。在这本书中，他详细披露了美国最高经济决策的内幕，并凝结了他对供应学派多年的研究成果。

通过以上的介绍，我们可以看出保罗·罗伯茨的供给理论是一个强调供给重要性、主张减税和限制政府干预的经济学流派。他的理论主张和政策建议对美国乃至全球经济政策产生了深远的影响。

三、供求弹性

在经济学中，供求弹性是衡量市场对价格变动反应敏感程度的重要指标，它直接关系到市场价格调整的效果以及资源配置的效率。供求弹性分为需求弹性和供给弹性两部分，两者共同作用于市场，影响着商品的交易价格与数量。

(一) 需求弹性

1. 需求弹性的定义

需求弹性是指商品需求量对价格变动反应的敏感程度，即当价格变动到一定幅度时，需求量变动的幅度。它反映了市场需求对价格变动的敏感程度，是衡量市场需求与价格之间关系的重要指标。需求弹性越大，意味着当价格变动时，需求量变动幅度越大；需求弹性越小，则表示价格变动对需求量的影响较小。计算需求弹性需要先确定基期的需求量和价格，然后计算出变动后的需求量和价格，再根据需求弹性的定义公式计算出需求弹性值。常用的需求弹性计算公式为：需求弹性 =(变动后的需求量－基期的需求量)/(变动后的价格－ 基期的价格)。不过实际计算中可能存在多种方法，具体使用哪种方法需要根据研究目的和数据情况来确定。

2. 需求弹性的分类

(1) 按需求价格弹性系数大小分类

第一，完全无弹性。需求对价格变动毫无反应，价格的任何变化都不会引起需求量的改变。

第二，缺乏弹性。价格变动一定幅度时，需求量变动幅度较小，弹性系数在 0 - 1 之间。例如大多数食品属于需求缺乏弹性的商品，价格上升或下降其需求量变动相对不明显。

第三，单位弹性。当弹性系数为 1 的时候，销售量的上升和价格的下降幅度相抵，即需求量变动的百分比与价格变动的百分比相等。

第四，富有弹性。价格变动一定幅度时，需求量变动幅度较大，弹性系数大于 1。像大多数奢侈品如香水、高档服装等需求弹性相对较高，价格的小幅度变动会引起需求量较大幅度的变动。

第五，无限弹性。在某一价格下，需求量可以无限增加或减少，价格稍有变动就会导致需求量急剧变动到零或者无穷大。

（2）按需求的收入弹性分类

需求的收入弹性是需求的相对变动与收入的相对变动的比值，用来表示一种商品的需求对消费者收入变动的反应程度或敏感程度。公式为：需求变动百分比/收入变动百分比，即 $Ed=（Q/Q）/（R/R）$。不同商品的需求收入弹性不同，比如对于正常品，收入增加时需求增加，收入弹性为正；对于劣等品，收入增加时需求减少，收入弹性为负。

（3）按需求的交叉弹性分类

需求的交叉弹性是指一种商品的需求对另一种商品价格变动的反应程度或敏感程度。对于两种商品 X，Y，商品 X 对商品 Y 的交叉弹性就等于商品 X 需求的相对变动与商品 Y 价格的相对变动之比。如果两种商品是替代品，交叉弹性为正；如果是互补品，交叉弹性为负；如果是独立品，交叉弹性为零。

3. 影响需求弹性的因素

（1）相似替代品的可获得性

有相似替代品的商品弹性往往很大。例如黄油和人造黄油就可以很轻易地被替代，而代用品越多，当一种商品价格提高时，消费者就越容易转向其他商品，所以弹性就越大，反之则越小。

任何一个市场的需求都取决于所划定的市场范围。市场小则容易找到替代品，需求弹性相对较大；市场范围大时，找到替代品相对困难，需求弹性相对较小。

（2）商品用途的广泛性

如果一种商品的用途很广泛，当商品的价格提高之后消费者在各种用途上可以适当地减少需求量，从而弹性越大，反之越小。

（3）商品消费支出在消费者预算支出中所占的比重

当一种商品在消费者预算支出中占很小的部分时，消费者并不太注意其价格的变化，如买一包口香糖，可能不太会注意价格的变动，这种商品的需求弹性较小；反之，若商品消费支出占比大，消费者对价格变动敏感，需求弹性较大。

(4) 消费者调整需求量的时间

一般而言，消费者调整需求的时间越短，需求弹性越小；相反调整时间越长，需求的价格弹性越大。例如汽油价格上升，短期内不会影响其需求量，但长期如此人们可能会寻找替代品，从而对需求量产生重大影响。

4. 需求弹性的应用

(1) 在市场营销方面的应用

组织可以根据商品的需求弹性来制定价格策略。对于需求富有弹性的商品，降低价格可以增加销售收入；对于需求缺乏弹性的商品，提高价格可以增加销售收入。

(2) 在分析消费者行为方面的应用

通过研究需求弹性可以了解消费者对价格和收入变动的反应，从而更好地把握消费者的购买决策过程。例如，当消费者收入增加时，需求收入弹性大的商品的消费量会大幅增加，组织可以据此调整生产和营销策略。

(3) 在市场供需关系方面的应用

需求弹性有助于分析市场的供需平衡。在供给变动时，需求弹性不同会导致价格和需求量的变动情况不同，从而影响市场的稳定和均衡。

(二) 供给弹性

1. 定义

供给弹性又称供给价格弹性，是指商品供给量对其价格变动的反应程度。即当商品价格发生变化时，生产者愿意且能够提供的商品数量的变动情况。供给弹性的计算公式与需求弹性相似：供给弹性 =(供给量变动百分比)/(价格变动百分比)。

2. 分类

(1) 富有弹性

价格小幅上涨能迅速吸引生产者增加产量，价格小幅下降则会导致产量迅速减少。这类商品的生产周期短，如农产品、部分制造业产品。

(2) 缺乏弹性

价格变动对供给量的影响较小。常见于生产周期长、调整成本高的行业,如房地产、大型机械设备等。

(3)单位弹性、完全无弹性与完全弹性

与需求弹性类似,但这些极端情况在供给方面也相对少见。

3. 影响因素

供给弹性的大小主要受生产周期、生产要素的可获得性、生产成本的变化、生产技术的灵活性以及政府政策等因素的影响。

供求弹性是理解市场动态变化、制定经济政策和组织策略的重要工具。通过深入分析需求与供给弹性的特性及其影响因素,政策制定者可以更有效地调控市场,促进资源的优化配置;组织则能更精准地把握市场动态,调整生产策略,以应对市场变化带来的挑战与机遇。在全球化与信息化高速发展的今天,理解和运用供求弹性理论,对于提升经济效率、促进经济健康发展具有重要意义。

第二节 消费者行为理论探究

一、消费者行为理论概述

消费者行为理论也叫作效用理论,它研究消费者如何在各种商品和劳务之间分配他们的收入,以达到满足程度的最大化,并且可以用来解释为什么需求曲线向右下方倾斜。

二、分析工具或方法

(一)以基数效用论为基础的边际效用分析

基数效用论认为效用是可以具体衡量的,并且可以加总求和。例如,消费者吃一个苹果获得的效用是 5,吃第二个苹果获得的效用是 3(总效用为8)等。

该理论假定随着消费者消费商品或劳务数量的增加,每增加一单位商品或劳务的消费所获得的满足程度逐步下降,这就是边际效用递减规律(又称戈森定律)。例如,当一个人不断吃面包时,每多吃一个面包带来的满足

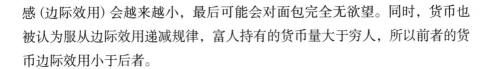

感（边际效用）会越来越小，最后可能会对面包完全无欲望。同时，货币也被认为服从边际效用递减规律，富人持有的货币量大于穷人，所以前者的货币边际效用小于后者。

（二）以序数效用论为基础的无差异曲线分析

在现代西方经济学界比较流行。无差异曲线表示能给消费者带来相同效用水平或满足程度的两种商品的不同数量的组合。例如，苹果和香蕉的不同组合，如果1个苹果和3个香蕉的组合与2个苹果和2个香蕉的组合给消费者带来的满足感相同，那么这两个组合就在同一条无差异曲线上。

三、从不同角度对消费者行为的解释

（一）欲望相关

欲望也叫作需要，是指想要得到而又没有得到某种东西时的一种心理状态，须具备两个条件：不足之感和求足之愿。人的欲望多种多样且从无限性来说，一种欲望被满足之后，新的欲望便随之产生；从有限性来说，欲望的强度具有递减的趋势。

（二）效用相关

消费者消费某种物品能满足欲望的程度高就是效用大，反之就是效用小。这里的效用不同于使用价值，它不仅取决于物品本身具有的满足人们欲望的客观的物质属性（如面包充饥、衣服御寒），还依存于消费者的主观感受。

四、消费者行为的分类

消费者行为是指消费者在获取、使用、处置消费物品或服务时所采取的各种行动，以及这些行动背后的决策过程。消费者行为的分类可以从不同的角度进行，以下是几种常见的消费者行为分类：

(一) 理性消费者行为

消费者在购买时充分考虑产品特性、价格、性能、品牌声誉等因素，做出明智、合理的决策。

(二) 感性消费者行为

消费者更侧重于情感和个人喜好，购买决策更多受到产品外观、包装、品牌形象、情感共鸣等因素的影响。

(三) 冲动性消费者行为

冲动性消费者行为：消费者在没有充分准备和考虑的情况下，受到外部因素如促销活动的刺激而做出快速购买决定。

(四) 忠诚性消费者行为

忠诚性消费者行为：消费者对特定品牌或产品表现出长期的信任和忠诚，通常基于过去的良好体验和品牌保障。

(五) 反向消费者行为

反向消费者行为：消费者在购买后对产品或服务不满意，可能采取退货、投诉等消极行为。

(六) 网络消费者行为

网络消费者行为：随着互联网的发展，消费者在网上购物的行为模式，包括在线搜索、比较、购买等。

(七) 市场细分中的消费者行为

第一，地理细分市场：按地理位置划分消费者群体，如国家、地区、城市等。

第二，行为细分市场：根据购买行为、使用习惯或产品态度划分消费者。

第三，人口统计细分市场：按年龄、性别、收入等人口统计因素划分。

第四，心理细分市场：根据生活方式、兴趣爱好等心理因素划分。

第五，使用场景细分市场：根据产品使用环境和需求划分。

第六，技术细分市场：按消费者对技术的接受程度划分。

五、消费者行为的影响因素

消费者行为是一个复杂的过程，受到多种因素的影响。以下是根据给定的搜索结果总结的主要影响因素：

(一) 个人因素

第一，需求、认知、学习、态度：消费者的行为受到其内心需求、对外界信息的认知、学习经验以及个人态度的影响。

第二，年龄、生活方式、自我形象、个性：这些个人特质也会影响消费者的购买决策。

第三，社会阶层：社会阶层通常根据收入、教育水平、职业等因素划分，同一阶层的人往往有相似的价值观和生活方式，这会影响他们的购买行为。

(二) 环境因素

1. 文化因素

第一，价值观和文化传统：不同文化背景下的消费者有不同的价值观念，这会影响他们的消费选择。

第二，亚文化：亚文化群体 (如民族、宗教、职业等) 内的消费者可能有独特的消费习惯和偏好。

2. 社会消费基础结构

第一，政策：国家政策对消费行为有规范和引导作用。

第二，消费基础设施和技术：这些硬性和软性基础设施既支持了消费活动，又影响了消费行为。

3. 社群因素

消费者的购买决策可能会受到参照群体 (如朋友、家人、偶像等) 的看法和价值观的影响。

4.市场营销因素

营销传播包括广告、促销、公关等手段，这些都直接影响消费者的购买决策。

消费者行为是一个多维度的现象，受个人心理状态、社会环境、文化背景以及市场营销策略等多种因素的综合影响。理解这些因素对于组织制定有效的市场策略至关重要。

六、消费者行为的作用机制

消费者行为在市场中的作用机制可以从多个层面进行分析，包括对市场价格的影响、对生产决策的直接影响，以及个人因素对购买行为的影响等。以下是对这些作用机制的详细分析：

(一) 对市场价格的影响

消费者行为对市场价格的影响主要体现在需求量的变动和需求弹性的不同上。如果消费者对某一商品的需求量较大，销售者可能会提高价格以保证供应；反之，需求量下降会导致价格下调。此外，需求弹性的大小也会影响价格，例如，如果智能手机的需求弹性较高，厂商需要更多地考虑市场反馈，以保持产品的价值和品质。

(二) 对生产决策的直接影响

消费者的购买行为不仅影响市场价格，还直接影响生产者的生产决策。生产者会根据消费者的需求调整产品的质量、数量、价格等方面，以满足消费者的需求并降低生产成本。例如，在汽车行业，如果消费者普遍需求环保、节能的小型车，生产商会更多地考虑小型车的生产，以适应市场需求。

(三) 个人因素对购买行为的影响

消费者的个人因素，如年龄、教育程度、收入水平等，都会对他们的购买行为产生影响。例如，年轻人可能更偏好新奇、有情节的小说，而年长的读者可能更喜欢散文、诗歌等"内功型"读物。这些个人因素会影响消费者对商品的评价和选择，从而影响购买行为。

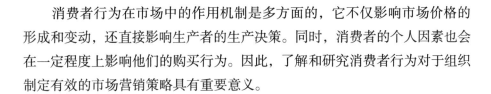

消费者行为在市场中的作用机制是多方面的，它不仅影响市场价格的形成和变动，还直接影响生产者的生产决策。同时，消费者的个人因素也会在一定程度上影响他们的购买行为。因此，了解和研究消费者行为对于组织制定有效的市场营销策略具有重要意义。

七、新时期消费者行为的特征分析

在当前的互联网时代，消费者行为呈现出一系列新的特征，这些特征不仅受到科技发展的影响，也受到社会经济环境和个人心理因素的多重作用。以下是新时期消费者行为的一些主要特征：

(一) 数字化与个性化

1. 数字化：信息获取的便捷与高效

在信息爆炸的今天，互联网已成为消费者获取商品信息的主要渠道。无论是通过搜索引擎查找产品规格、性能对比，还是浏览在线评论、社交媒体上的使用体验分享，消费者都能在短时间内获取大量信息，从而做出更为明智的购买决策。这种数字化的信息获取方式不仅提高了效率，还增强了消费者的自主性和参与度。

此外，随着移动互联网的普及，消费者几乎可以在任何时间、任何地点进行购物前的信息搜集，这种即时性进一步加剧了市场竞争的激烈程度，迫使商家不断优化产品信息展示和用户体验，以吸引和留住顾客。

2. 个性化：需求驱动的差异化消费

在新时期，消费者对个性化的追求达到了前所未有的高度。他们不再满足于市场上千篇一律的商品，而是渴望找到能够彰显个人品位、满足独特需求的定制化产品或服务。电商平台利用大数据和人工智能技术对消费者的浏览历史、购买记录、搜索关键词等行为数据进行分析，精准预测其偏好，并据此提供个性化的商品推荐和定制化服务。

个性化需求的兴起，不仅推动了商品设计和生产方式的变革，如C2M（消费者直达制造商）模式的兴起，还促使组织更加注重与消费者的情感连接，通过故事讲述、品牌价值观传递等方式建立深度认同，实现品牌与消费者的双赢。

3. 社交影响：群体规范与口碑营销的力量

社交媒体和社区功能的日益成熟，使得消费者在购买决策过程中越来越容易受到他人意见的影响。群体规范、名人效应和口碑营销成为影响消费者选择的重要因素。消费者通过社交媒体分享购物体验，形成口碑传播，这种基于信任的推荐往往比传统广告更具说服力。

同时，社交媒体上的 KOL（关键意见领袖）和网红经济的兴起，也进一步放大了社交影响的力量。他们通过分享生活方式、推荐产品，引导着大量粉丝的消费行为，形成了新的消费趋势和潮流。

（二）快速决策与即时满足

1. 快速决策与冲动购买

（1）冲动购买现象

在电商平台上，消费者面临着前所未有的信息过载。琳琅满目的商品、精准的个性化推荐、诱人的限时优惠……这一切都在不断地刺激着消费者的购买欲望。电商平台的设计充分利用了注意力经济的原理，通过精心设计的页面布局、醒目的商品展示和吸引人的广告文案，来吸引消费者的注意力。

电商平台的设计策略：位置效应在这一过程中显得尤为重要。电商平台通过大数据分析消费者的浏览历史和购买行为，将最可能吸引消费者的商品放置在页面的显眼位置，如首页推荐、热销榜单等，从而引导消费者快速做出购买决策。此外，限时抢购、秒杀等活动也通过制造紧迫感，促使消费者在极短的时间内完成购买决策。

（2）冲动购买的心理机制

冲动购买往往是在偶然或突发因素的诱使下产生的无计划、无意识的消费行为。在电商平台上，消费者面对的是一个虚拟的购物环境，没有实体店铺的局限，时间和空间上的约束被大大削弱。加之电商平台提供的便捷支付方式和快速物流服务，使得消费者可以在极短的时间内完成从浏览到购买的全过程。

心理因素的影响：除了平台设计的外部刺激，消费者的内在心理因素也起到了重要作用。现代社会快节奏的生活方式使得人们越来越追求即时满足，对于能够满足即时需求、带来即时快感的商品，消费者往往更容易产生

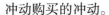

冲动购买的冲动。

2. 即时满足与便捷购物体验

（1）移动支付的普及

移动支付的普及是推动即时满足购物体验的关键因素之一。随着智能手机和移动互联网的普及，消费者可以随时随地通过手机完成支付操作，无须携带现金或银行卡。这种便捷性不仅极大地提高了购物效率，也改变了消费者的购物习惯。

（2）O2O 模式的兴起

在线预订与线下体验相结合的 O2O 模式（Online to Offline）进一步满足了消费者对即时满足的需求。消费者可以通过线上平台预订商品或服务，然后到线下实体店进行体验或取货。这种模式不仅提供了更加灵活的购物方式，也增强了消费者的购物体验。

以餐饮行业为例，许多餐厅和外卖平台推出了在线预订、扫码点餐等服务，消费者可以提前通过手机预订座位、点餐并支付，到店后直接享用美食，无须等待。这种即时的满足感和便捷的购物体验使得 O2O 模式在餐饮行业中迅速普及。

（3）物流服务的提升

物流服务的提升也是实现即时满足购物体验的重要保障。随着物流技术的不断进步和物流网络的日益完善，电商平台的配送速度不断提升。消费者在下单后往往能够在极短的时间内收到商品，这种快速的物流服务极大地提升了消费者的购物满意度。

（三）绿色消费与可持续发展

1. 绿色消费观念的普及

在互联网时代，信息传播的速度和广度前所未有，这使得绿色消费观念能够迅速传播并深入人心。消费者能够通过社交媒体、电商平台等渠道，轻松获取关于环保产品、低碳生活方式的信息，进而形成绿色消费的理念。越来越多的消费者开始意识到，选择环保产品不仅是对自身健康的负责，更是对地球环境的一种贡献。

绿色消费观念的普及，还体现在消费者对产品全生命周期的关注上。

他们不再仅仅关注产品的使用性能，更加重视产品的生产过程是否环保、材料是否可回收、包装是否减量化等方面。这种全方位、多层次的绿色消费观念正在逐步改变着消费者的购买行为。

2. 互联网促进绿色消费的发展

互联网技术的广泛应用为绿色消费提供了便捷、高效的渠道。电商平台通过设立绿色专区、推广环保产品等方式，极大地丰富了消费者的绿色消费选择。同时，互联网金融的发展也为绿色消费提供了资金支持，如绿色信贷、环保补贴等政策的实施，降低了消费者购买环保产品的成本。

此外，直播带货等新兴营销模式的兴起，也为绿色消费带来了新的机遇。主播们通过直播展示环保产品的优势，与消费者进行即时互动，增强了消费者对环保产品的认知度和购买意愿。这种直观、生动的营销方式，使得绿色消费更加贴近消费者的生活，激发了他们的购买热情。

3. 消费者行为的绿色化趋势

在新时期，消费者的行为呈现出明显的绿色化趋势。他们更加倾向于选择那些具有环保标志、符合可持续发展理念的产品和服务。从日常用品到家用电器，从出行方式到休闲娱乐，绿色消费已经渗透到消费者生活的方方面面。

例如，在出行方面，越来越多的消费者选择新能源汽车、共享单车等低碳出行方式；在购物方面，他们更倾向于选择可降解包装、无塑产品等环保型商品；在居住方面，节能家电、绿色建材等环保产品也备受青睐。这些行为不仅体现了消费者对环保的关注和重视，也推动了相关产业的绿色转型和升级。

绿色消费推动了社会消费观念的转变。越来越多的消费者开始意识到，消费不仅仅是满足个人需求的过程，更是对社会责任的承担。他们通过选择环保产品、参与绿色消费等方式，积极践行可持续发展理念，为构建和谐社会、实现绿色发展贡献力量。

(四) 权益保护与风险意识

1. 权益保护意识的觉醒

(1) 信息透明度的要求提高

在新时期，消费者越来越依赖于互联网获取产品信息、用户评价及组织

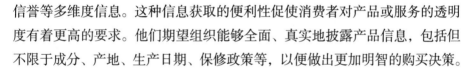

信誉等多维度信息。这种信息获取的便利性促使消费者对产品或服务的透明度有着更高的要求。他们期望组织能够全面、真实地披露产品信息，包括但不限于成分、产地、生产日期、保修政策等，以便做出更加明智的购买决策。

（2）维权渠道的多元化

随着社交媒体、消费者保护组织及在线投诉平台的兴起，消费者维权的渠道日益多样化。当遇到质量问题、虚假宣传或售后服务不佳等情况时，消费者能够迅速通过这些渠道发声，形成舆论压力，迫使组织重视并解决问题。这种高效的维权方式不仅保护了消费者的合法权益，也促进了市场环境的净化。

（3）法律意识的增强

随着法律知识的普及和消费者教育的深入，越来越多的消费者开始学会运用法律武器维护自身权益。他们关注消费者权益保护相关法律法规的更新，对于不公平合同条款、价格欺诈等行为有了更高的警惕性和辨识能力，能够在遇到侵权行为时及时采取法律手段维护自身合法权益。

2. 风险意识的提升

（1）对数据隐私的关注

在数字化时代，个人信息泄露和滥用成为消费者普遍担忧的问题。因此，消费者在选择使用 App、参与在线购物或接受服务时，更加注重平台的数据保护政策和隐私条款。他们倾向于选择那些有良好声誉、采取严格数据保护措施的组织，以减少个人信息被滥用的风险。

（2）对健康安全的重视

随着生活水平的提高和健康意识的增强，消费者在购买食品、化妆品、家居用品等日常消费品时，更加关注产品的安全性和健康性。他们倾向于选择那些经过权威机构认证、无添加有害成分、符合环保标准的产品，以保障自身及家人的健康。

（3）理性消费与财务规划

面对琳琅满目的商品和不断变化的促销手段，消费者逐渐学会了理性消费和财务规划。他们不再盲目追求品牌、潮流或价格优惠，而是根据自身需求和预算进行合理选择。同时，他们也更加重视储蓄和投资，以应对未来的不确定性风险。

第三节 经济管理伦理思想

经济管理伦理思想是研究经济活动中道德行为准则和价值观念的学说和观点。它不仅包括了对经济活动中个体行为的道德约束，也涵盖了组织层面的伦理规范。经济管理伦理思想的研究有助于组织在追求经济效益的同时，也能够承担起相应的社会责任，实现经济利益与社会价值的双重提升。

一、中国古代经济管理伦理思想

中国古代经济管理伦理思想涵盖了丰富的哲学观念和道德规范，这些思想不仅对古代中国的经济活动产生了深远的影响，也为现代经济伦理学的研究提供了宝贵的思想资源。以下是根据给定搜索结果整理的几个关键点：

(一) 遵循自然规律，按照时节生产

古代中国经济管理伦理思想强调遵循自然规律进行生产和生活。这一思想认为，顺应自然的变化进行生产活动是获得自然资源永续利用的关键。例如，管仲提出的"山泽各致其时"和孟子的"数罟不入洿池，鱼鳖不可胜食也；斧斤以时入山林，材木不可胜用也"等观点，都体现了这一思想。这些原则不仅有助于维护生态平衡，还促进了资源的可持续利用。

(二) 取之有度，节用生财

古代经济管理伦理思想强调节俭和合理利用资源。孔子的"道千乘之国，敬事而信，节用而爱人，使民以时"和墨子的"节于身，诲于民，是以天下之民可得而治，财用可得而足"等观点，都体现了这一思想。这些原则主张在满足基本需求的同时，避免浪费和过度消耗资源，以实现经济的可持续发展。

(三) 控制人口数量，节制人口

古代经济管理伦理思想还涉及人口管理和控制的理念。例如，老子的"小国寡民"理想和社会学者提出的人口控制主张等，都反映了古人对人口增长可能带来资源压力和环境破坏的深刻认识。这些思想对于现代人口政策

和可持续发展策略仍具有参考价值。

(四) 义利之辩

在处理"义"与"利"的关系上，古代经济管理伦理思想主张以义为先，如"见利思义""重义轻利"等观点。这些原则强调在追求经济利益的同时，也要遵守道德规范和社会责任，这对于现代经济行为中的道德约束和社会责任感具有指导意义。

(五) 公私之辩

在处理"公"与"私"的关系上，古代经济管理伦理思想主张以"公"为先，如"天下为公""立公灭私"等观点。这些原则强调在追求个人利益的同时，也要考虑到公共利益和社会整体的利益，这一思想对现代经济行为中的公平性和社会协作具有重要意义。

(六) 管理伦理思想代表人物

中国古代管理思想代表人物有儒家的孔子、孟子和荀子，道家的老子、庄子，以及法家的韩非子等。这些思想家的理论不仅对中国古代的经济管理产生了重要影响，也为现代管理理论的发展提供了丰富的思想素材。

中国古代经济管理伦理思想具有深厚的文化底蕴和时代价值。这些思想不仅指导了古代中国的经济发展，也为现代经济伦理学的研究提供了重要的参考和启示。

二、西方管理伦理思想

西方管理伦理思想是关于管理活动的道德行为准则和价值观念的学说和观点，起源于古希腊时期，经历了文艺复兴、资产阶级革命和现代等几个时期的发展。

(一) 古希腊时期的管理伦理思想

古希腊时期的管理伦理思想主要集中于对人的本性、行为的看法及其对社会所应尽的义务。苏格拉底强调并夸大知识对人的行为的约束作用，而亚里士多德则从人的行为是自由的出发，明确提出人必须对自己的行为负道德责任，并且应以城邦利益为重。

（二）文艺复兴时期至近代资产阶级革命时期的管理伦理思想

文艺复兴时期至近代资产阶级革命时期的管理伦理思想，伴随着资本主义生产关系的发展，这一时期的管理伦理思想逐渐走向理论化和系统化。代表人物有亚当·斯密、康德、欧文和黑格尔等，他们提出了自由竞争原则、市场调节等观点，这些观点包含了丰富的管理伦理思想并影响了现代人的管理思维和管理伦理思想。

（三）现代资产阶级时期的管理伦理思想

现代资产阶级时期的管理伦理思想出现了多种现代管理伦理理论。这一时期的西方管理伦理思想具有以下几个特点：集中于对国家、社会、军队和商业活动及个人行为的管理；对人性模式的假设较为简单和片面；缺少自觉、专门和系统的论述；关注更多的是管理活动中个人的道德行为，特别是管理者本身的道德品质和行为准则；道德说教意味较浓，抽象程度较高，理想成分较多，缺乏具体性和可操作性。

（四）西方管理伦理思想的影响

西方伦理思想历史悠久，所涉及的问题很广，包括道德的起源和本质、道德原则和规范、德行的内容和分类、意志自由和道德责任、道德情感与理性的关系、道德概念和道德判断的价值分析以及人生目的和理想生活方式等问题。这些伦理思想在对待个人利益与社会利益的关系上，呈现出错综复杂的情况，它们或者偏于强调利己，或者偏于强调利他、利公，或者寻求利己与利他、利己与利公之间相互结合、等值、协调的解释。但是，它们本质上都是以私有制经济关系为基础，适应剥削阶级利益要求的个人主义、利己主义的伦理思想体系和价值标准。

西方管理伦理思想是一个历史悠久且不断发展的领域，它不仅受到了古希腊哲学的影响，还经历了文艺复兴、资产阶级革命和现代等多个时期的发展。这些思想在不同的历史时期有着不同的特点和代表人物，对现代管理实践和管理伦理的发展产生了深远的影响。

三、现代管理伦理思想的特点

现代管理伦理思想在管理理论的发展中扮演着重要角色，它不仅关注效率和效果，更强调道德责任和价值观的融合。以下是现代管理伦理思想的一些主要特点，这些特点基于给定的搜索结果：

（一）系统化

现代管理伦理强调系统化的方法，运用系统思想来指导实践，将组织视为一个整体，同时也认识到其在更大系统中的作用。这意味着管理者不仅要考虑组织内部的运作，还要考虑其对环境和社会的影响。

（二）人性化

重视人的因素是现代管理伦理的核心，它将人置于管理的中心，关注人的合理需要的满足和全面发展。这种思想强调尊重员工，关注员工满意度，以及通过组织文化建设增强团队凝聚力。

（三）理论与实践相结合

现代管理伦理反对纯理论研究，强调理论的实际应用。新的理论必须能够解释和指导实践问题，实践是理论发展的动力和最终目标。

（四）全方位性

管理伦理具有全方位性，不仅体现在管理内容上，如对内尊重员工、对外维护和谐的伦理关系、保护环境等，也体现在管理目的上，如满足顾客、员工、股东等多方面的期望。

经济管理伦理思想是经济活动中的重要组成部分，它不仅关乎个人的行为规范，也关系到组织的整体形象和社会责任感。无论是东方还是西方，经济管理伦理思想都在不断地发展和演变，以适应不断变化的经济社会环境。在当今全球化的背景下，经济管理伦理思想对于推动可持续发展、构建和谐社会具有重要意义。

第四章 工商管理理论的宏观探究

第一节 工商管理的概念以及历史沿革

一、工商管理的概念

(一) 从政府管理角度

工商管理是政府管理的一项重要内容，政府通过有效开展工商管理活动对经济制度进行规范，从而为市场经济发展带来有利作用，实现市场经济的有序化、稳定化、科学化发展。在社会主义市场经济发展受内资运转规律影响的情况下，工商管理制度规范也很重要。为促进市场经济发展需要开展工商管理活动，利用相关的法律规范、规章制度等来控制市场经济，确保其健康有序运行。并且工商管理的职能还体现在对市场经济运行的操作中，通过有效管理、监督市场经济，提升其发展水平。例如，我国市场经济发展中存在恶性竞争或者不规范发展现象时，工商管理部门可以对这些行为进行管控，营造科学公平的竞争环境，为经济发展水平的提升带来有利作用。其具有以下特征：

管理职能从单一到系统：在不同时代下，工商管理处于不断变化的过程中，从单一逐步向系统转变。在社会发展初期，一些国家各项建设不完善，制度建设滞后，工商管理工作开展得不够精细，管理职能较为单一。以我国为例，由于市场经济发展起步较晚且农业是基础产业，社会发展初期很多人员抵触商业，导致国家工商管理职能单一，难以实现系统化、规范化发展。而在新时代下，社会经济发展水平更高，工商管理职能逐步从单一职能向多元化职能发展。

工商管理具有多元化特征：工商管理工作涉及的内容更为多样化，其模式更为灵活。

(二) 从学科和组织管理角度

工商管理学是研究营利性组织经营活动规律以及组织管理的理论、方法与技术的学科。这个专业的范围比较广，所学课程也较多，涵盖了经济学、管理学的很多课程，是一门基础比较宽的学科，个人可以根据自己的爱好选择专业方向，如组织管理、市场营销、人力资源、财务管理、会计、组织投资等。它依据管理学、经济学的基本理论，研究如何运用现代管理的方法和手段来进行有效的组织管理和经营决策。广义的工商管理包含的领域很多，下设的二级专业各具特色，主要包括工商管理、市场营销、会计学、财务管理、人力资源管理、旅游管理等。

二、工商管理在市场经济中的作用

(一) 稳定市场经济

工商管理部门对国家经济发展有着积极的促进作用。在执行国家相关法律法规时，能够协调与组织之间的关系，充分发挥自身职能并优化服务体系，推动经济高速发展进步。具体表现在从思想认识入手强化市场监督管理，实现高效执法，营造良好的经济环境氛围，推动市场经济持续发展。在执法过程中以经济发展为重点内容，优化执法具体内容，强化执法管理，尊重市场主体，发挥市场在经济发展中的主体作用，提升纳税人的主人翁意识，改善市场监督管理方式，保证执法的和谐、高效。

(二) 规范市场准入

规范市场经济主体的准入是工商管理的重要职能。随着市场经济的发展，组织注册增多，工商部门需严格组织审批制度和程序，对组织进行规范登记注册，从而提高管理质量和效果。严格的市场准入制度能够确保市场主体合法经营，有效维护和控制市场秩序，促使市场经济健康稳定发展。

(三) 引导组织改革发展

工商管理工作重视国家经济发展，积极引导有利于民族经济和社会长远发展的因素，严格约束起阻碍作用的因素；科学地引导组织改革与发展，为组织营造更健康的发展环境，使其在市场竞争中具备更大优势。例如，在基础产业组织改革、调整税收方面，工商管理部门积极引导先进设备的引入，强化该领域技术水平，实现组织、社会和经济的协调发展，推动组织自我完善和整个社会的进步。

(四) 提高市场监督效果

1. 维护市场秩序

工商管理部门具备监督管理能力，能够对市场经济主体及其行为进行监管，保障市场经济的良好发展秩序。通过竞争管理等手段调节市场经济主体之间的行为，确保市场主体间竞争的公平，形成良好的市场经济发展秩序，保护正当经济行为。

加强对不正当竞争的监督，对垄断行为从重处罚，保护组织商标权，维护组织文化软实力，有效维护市场经济秩序。此外，建立完善的经济体行业分类监管制度，细致管理市场经济行为。

2. 打击虚假广告

在当前知识经济时代，消费者对商品的认知和购买在很大程度上依赖广告，但部分广告存在夸大产品功能甚至虚假宣传的情况。工商管理部门需要严厉打击商家的虚假广告行为，为消费者营造干净的广告环境。

(五) 保护消费者合法权益

1. 权益保护

保护消费者合法权益是工商管理部门的重要核心工作，通过监督权实现对消费者权益的保护。

2. 提高消费者意识

积极开展法律宣传，指导消费者，提高消费者自我保护意识并明确自我保护渠道。这里的消费者也包括生产工人，发挥工商管理部门的积极作用

能让生产工人运用合法手段维护自身权益，进而促进市场经济发展。

三、工商管理的历史演变过程概述

工商管理作为一门学科和实践领域，其历史可以追溯到早期的商业活动和管理实践。虽然没有一个确切的起点，但我们可以从不同角度概述其主要的发展阶段和演变过程。

(一)古代管理思想的萌芽

在人类文明的早期阶段，虽然尚未形成系统化的工商管理理论，但管理实践的雏形已在古代文明的土壤中悄然孕育。古希腊作为西方哲学的摇篮，其思想家们对管理有着独到的见解。亚里士多德，这位百科全书式的学者，不仅探讨了国家治理的哲学基础，还提出了关于组织和效率的一些基本原则，如分工合作的重要性，这些思想为后来的管理理论提供了宝贵的思想资源。

而在东方，中国的儒家思想同样蕴含了丰富的管理智慧。儒家强调"仁政""德治"，提倡以道德伦理为基础的治理方式，在商业管理中则体现为诚信经营、和谐共赢的理念。儒家的管理思想不仅关注个人的道德修养，也重视组织内部的秩序与和谐，为古代中国的商业繁荣奠定了思想基础。

(二)19世纪的工业革命与管理科学的诞生

19世纪，随着工业革命的浪潮席卷全球，生产力和生产方式发生了翻天覆地的变化。大规模的生产线、复杂的组织结构以及激烈的市场竞争，对管理提出了更高的要求。在这一背景下，法国管理学家亨利·法约尔提出了管理的五大职能——计划、组织、指挥、协调和控制，这些职能的提出标志着现代管理理论的形成，为后来的管理研究和实践提供了基本框架。

法约尔的理论强调了管理的系统性和科学性，认为管理是一项综合性的活动，需要综合运用各种资源和手段来实现组织目标。他的贡献不仅在于提出了管理的基本职能，更在于推动了管理从经验主义向系统化、科学化的转变，为后来的管理理论发展奠定了坚实的基础。

(三)20世纪初的科学管理运动

进入20世纪，随着生产力的进一步提高和市场竞争的加剧，管理效率成为组织生存和发展的关键。以弗雷德里克·温斯洛·泰勒为代表的科学管理运动应运而生，该运动强调效率最大化和标准化操作，通过科学的方法分析工作流程，制定最优的操作规范，以提高生产率和降低成本。

泰勒的科学管理理论包括时间—动作研究、标准化作业、差异工资制等核心内容，这些理论的应用极大地提高了组织的生产效率，同时也促进了管理学科的发展。科学管理运动的兴起，标志着管理从传统的经验管理向现代的科学管理转变，为后来的管理理论如行为科学、管理科学学派等提供了重要的思想基础。

(四)现代工商管理的形成与发展

1. 现代工商管理形成的背景

(1) 经济发展的需求

随着市场经济的不断发展，组织规模逐渐扩大，业务日益复杂，传统的管理方式已经难以满足组织运营和发展的需求。在这种背景下，现代工商管理应运而生，以应对组织在资源配置、生产效率提升、市场竞争应对等多方面的挑战。

(2) 管理思想的演进

从早期的古典管理理论，如泰勒的科学管理理论强调通过科学方法提高生产效率，到行为科学理论关注人的行为和心理因素对管理的影响，再到现代的系统管理理论、权变理论等，这些管理思想的不断发展为现代工商管理的形成奠定了理论基础。

2. 现代工商管理的形成要素

(1) 管理理念的转变

第一，以顾客为导向。现代组织认识到顾客需求是组织生存和发展的关键，工商管理开始注重顾客满意度、忠诚度的提升，通过市场调研等手段深入了解顾客需求并满足之。

第二，战略管理意识。不再局限于短期的经营管理，而是着眼于组织

长期的发展战略，制定战略规划、进行战略决策成为工商管理的重要内容。

（2）管理方法的创新

第一，引入现代管理体系。如 ISO9000 质量管理体系、ISO14000 管理环境体系、ISO27000 安全管理体系等，这些标准化的管理体系有助于提高组织的管理效率和管理质量，提升组织的竞争力。

第二，信息技术的应用。利用信息技术进行组织管理，如企业资源计划（ERP）系统、客户关系管理（CRM）系统等，实现组织内部信息的高效传递和资源的有效整合，降低运营成本。

（3）组织结构的变革

从传统的层级式组织结构向更加灵活、敏捷的组织结构转变。例如，矩阵型结构、网络型结构等，这些结构使组织能够快速应对市场变化，提高决策效率，适应复杂多变的市场环境。

3. 现代工商管理的发展趋势

（1）全球化趋势

随着经济全球化的深入发展，组织的经营活动跨越国界，现代工商管理需要适应国际化的市场环境，包括国际市场的营销、跨文化管理、国际金融与投资管理等方面。组织需要遵循国际规则，应对不同国家和地区的政治、经济、文化差异，在全球范围内配置资源以获取竞争优势。

（2）知识管理的重要性日益凸显

在知识经济时代，知识成为组织最重要的资产之一。现代工商管理注重知识的创造、传播、共享和应用，鼓励员工不断学习和创新，通过建立知识管理系统等方式提高组织的知识管理水平，提升组织的创新能力和核心竞争力。

（3）可持续发展理念的融入

现代社会对环境保护、社会责任等可持续发展问题日益关注，组织的工商管理也开始将可持续发展理念融入其中。组织不仅要追求经济效益，还要注重环境效益和社会效益，如实施绿色生产、履行社会责任等，这也是组织在长期发展中获得社会认可和持续发展动力的必要举措。

第二节 工商管理的热点问题与发展趋势

一、工商管理的热点问题

(一)组织战略管理:引领未来,把握方向

组织战略管理是组织发展的灵魂,它决定了组织如何在激烈的市场竞争中定位自己,选择何种路径前进,以及如何实现长远目标。随着全球化和数字化的加速推进,组织战略管理的复杂性和挑战性日益凸显。组织需要具备敏锐的市场洞察力,灵活调整战略布局,以应对外部环境的变化。同时,内部资源的优化配置、创新能力的培育以及可持续发展战略的制定,也成为组织战略管理的核心内容。

近年来,越来越多的组织开始采用"蓝海战略""平台化战略"等新型战略模式,旨在通过差异化竞争和生态系统构建并开辟新的市场空间。此外,数字化转型也成为组织战略管理的重要方向,通过数据驱动决策、智能化运营等手段,提升组织的运营效率和市场响应速度。

(二)组织文化管理:凝聚人心,塑造品牌

组织文化作为组织的精神内核,对于塑造员工价值观、增强团队凝聚力、提升组织形象具有重要意义。在全球化背景下,组织文化不仅是组织内部管理的基石,也是组织对外展示品牌形象、吸引人才的重要窗口。

近年来,越来越多的组织开始重视组织文化的建设和传播,将中国传统文化元素融入组织文化之中,形成独具特色的文化体系。这种融合不仅有助于增强员工的文化认同感和归属感,还能够提升组织的国际竞争力和品牌影响力。同时,组织还通过举办文化活动、建立文化激励机制等方式,不断强化组织文化的渗透力和影响力。

(三)人力资源管理:激发潜能,创造价值

人力资源管理是组织发展的第一资源,它直接关系到组织的创新能力和竞争力。人才在知识经济时代已成为组织最宝贵的财富。因此,如何吸

引、培养、激励和留住优秀人才，成为组织人力资源管理的核心任务。

当前，人力资源管理的研究和实践正朝着更加科学、高效、人性化的方向发展。一方面，组织通过建立完善的人才选拔和培训体系，不断提升员工的专业技能和综合素质；另一方面，通过构建多元化的激励机制和职业发展路径，激发员工的内在动力和创造力。此外，随着人工智能、大数据等技术的广泛应用，人力资源管理也开始向智能化、精准化方向转型，为组织的发展提供更加有力的支持。

(四) 优化市场环境

市场环境是组织生存和发展的基础，优化市场环境对于促进经济繁荣和激发市场活力至关重要。当前，我国正处于高质量发展的关键阶段，市场监管部门通过一系列制度创新和政策升级，努力打造公平、透明、可预期的营商环境。

《市场监管部门优化营商环境重点举措 (2024 年版)》的发布，标志着我国在市场环境优化方面迈出了坚实的一步。该举措提出简化行政审批、提升市场准入便利度，通过"证照分离"改革和告知承诺制的实施，大幅度减少审批事项和办理流程，预计到 2024 年底，组织开办全流程将压缩至 1 个工作日内完成。这不仅消除了创业初期的烦琐手续，还极大地激发了市场主体的创新创业热情。

此外，市场监管总局还依托大数据、人工智能等先进技术手段，构建精准高效的智慧监管体系，通过风险预警和信用分类监管，实现对市场主体行为的实时监测和精准识别，既保障了市场秩序，又避免了对组织正常经营活动的过度干扰。

(五) 消费者权益的保护

消费者权益保护是市场经济健康发展的重要保障。《中华人民共和国消费者权益保护法实施条例》的发布和实施，进一步加大了对消费者合法权益的保护力度，为消费者提供了更加安全、放心的消费环境。

该条例明确了消费者在购买商品、使用商品或接受服务时依法享有的各项权利，包括人身和财产安全不受损害的权利、自主选择商品或服务的权利等。同时，条例还规定了经营者在提供商品或服务时应承担的责任，如保证商品或服务的质量、履行承诺内容、标明真实信息等。

面对数字经济时代的新挑战，市场监管总局还加大了对互联网平台经济领域的反垄断执法力度，严查滥用市场支配地位、排除限制竞争等行为，为公平竞争提供了坚实的法治保障。

(六) 对商家违规行为的处罚

商家违规行为不仅损害了消费者的合法权益，还扰乱了市场秩序，破坏了公平竞争的环境。因此，对商家违规行为的处罚是维护市场健康发展的重要手段。

对于无照经营行为，工商行政管理部门将依法予以取缔，没收违法所得，并依据《中华人民和国刑法》和《中华人民共和国消费者权益保护法》等法律法规进行处罚。情节严重的，将依法追究刑事责任。此外，对于商家在广告、商标、不正当竞争等方面的违规行为，监管部门也将加大查处力度，维护市场的公平性和消费者的合法权益。

在处罚商家违规行为的同时，监管部门还注重加强宣传教育，提高商家的法律意识和诚信意识，引导商家依法经营、诚信经营。同时，还鼓励消费者积极维护自身权益，对商家的违规行为进行监督和举报。

二、工商管理学科研究的最新趋势

(一) 数字化与信息化趋势

随着信息技术的飞速发展，工商管理正朝着全面数字化和信息化方向发展。组织工商管理将更加依赖于数字技术和信息化系统，利用互联网、人工智能、大数据等技术手段，实现对组织各个环节的高效管理。例如，组织可以通过数字化手段实时监测市场需求，优化供应链管理，加强客户关系管理等，从而提升组织的竞争力。

(二) 绿色可持续发展趋势

在全球气候变化和环境问题日益严峻的背景下，绿色可持续发展成为

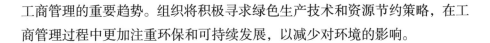

工商管理的重要趋势。组织将积极寻求绿色生产技术和资源节约策略，在工商管理过程中更加注重环保和可持续发展，以减少对环境的影响。

(三) 社会责任与组织文化的融合趋势

现代社会中，组织应承担起社会责任，这也促使工商管理更加注重组织价值观、员工福利以及社会公益等方面。注重组织文化建设有助于增强组织形象和社会影响力，将组织社会责任与组织文化相融合是工商管理发展的一个重要方向。

(四) 人力资源管理创新趋势

人才短缺和员工离职率高是组织面临的问题，因此在工商管理中，人力资源管理的创新将备受关注。组织将开发更多的培训和职业发展机会，提供灵活的工作环境和福利待遇，以留住人才。

(五) 国际化与全球化趋势

全球化和经济一体化的发展使得组织工商管理不再局限于国内范围。组织将积极寻求国际合作和开放，获取更多的市场机会和资源，拓展海外市场，同时需要了解不同国家和地区的市场规则和文化习惯，制定相应的战略和策略，提升竞争力。

(六) 创新与灵活性需求趋势

1. 创新趋势

在现代竞争激烈的商业环境中，创新成为组织取得成功的关键因素之一。组织工商管理中的创新包括产品创新、商业模式创新以及管理创新等。创新能够帮助组织开发新产品、新技术和新业务模式，提升组织的竞争力，推动组织的持续增长。例如，创新能帮助组织提供更好的产品和服务以满足消费者不断变化的需求，还能帮助组织降低成本和提高效率。

2. 灵活性趋势

在快节奏和不确定性极高的商业环境下，组织需要具备灵活性来适应各种变化和挑战。这要求组织在工商管理方面及时调整策略，以适应市场需求的变化，更好地应对不确定性和风险，并及时抓住市场机遇。

第三节 工商管理对经济发展的促进作用

一、优化市场环境

(一) 维护市场秩序：构建公平竞争的市场生态

市场经济的本质在于竞争，而公平、公正的竞争环境则是市场经济健康发展的基石。工商管理部门通过其强大的监管职能，有效遏制了不正当竞争与垄断行为，为市场主体提供了一个可以信赖的竞争舞台。

1. 防范不正当竞争

在激烈的市场竞争中，部分组织可能采取价格操纵、虚假宣传、商业贿赂等不正当手段以获取竞争优势。工商管理部门通过日常监管、投诉处理及专项执法行动，及时发现并纠正这些违法行为，维护了市场的公平性和透明度。这种监管不仅保护了消费者权益，也促进了组织间的良性竞争，激发了组织的创新动力，推动了产品质量的提升和服务的优化。

2. 打击垄断行为

垄断是市场经济的大敌，它限制了竞争，扭曲了价格机制，阻碍了资源的有效配置。工商管理部门通过反垄断调查与执法，对可能形成或已经形成的垄断行为进行干预，确保市场保持足够的竞争活力。这不仅保护了中小组织的生存空间，还促进了市场的多元化发展，为经济注入了持久的活力。

(二) 规范市场主体准入准则：保障经济发展的质量与稳定

市场主体的质量直接关乎经济发展的整体水平。工商管理部门通过完善并严格执行市场准入制度，从源头上提升了市场主体的素质，为经济的稳定进步和发展奠定了坚实的基础。

1. 完善市场准入制度

随着经济的快速发展，新的商业模式和业态不断涌现。工商管理部门紧跟时代步伐，不断完善市场准入制度，确保各类市场主体在合法合规的

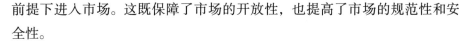

前提下进入市场。这既保障了市场的开放性，也提高了市场的规范性和安全性。

2. 严格审批准入

组织在工商管理部门注册时，需经过严格的多层次审批程序。这一过程不仅是对组织资质和能力的全面审核，也是对组织经营行为的一种前置规范。通过严格的审批，可以有效防止不符合条件的组织进入市场，从而保障市场经济的整体质量和水平。同时，这也有助于维护市场经济的稳定性，减少因组织违规经营而引发的市场风险。

二、维持市场经济平衡

市场经济是资源配置的一种有效方式，其核心在于通过供求关系、价格机制等自动调节经济活动。然而，市场的自发性、盲目性和滞后性也可能导致出现资源错配、垄断形成、不正当竞争等问题，破坏市场平衡。工商管理作为市场规则的塑造者与执行者，通过制定和执行行业规范、反垄断政策、消费者权益保护法等法律法规，确保了市场竞争的公平性和透明度，为市场经济的健康运行提供了制度保障。

(一) 创新驱动发展，增强经济竞争力

创新是引领发展的第一动力。工商管理鼓励组织加大研发投入，培养创新型人才，建立创新激励机制，推动技术创新、管理创新、商业模式创新等多方面的创新活动。这些创新不仅提升了组织的核心竞争力，还带动了整个产业链的升级，促进了经济的转型升级和可持续发展。在全球化的今天，工商管理还促进了国际的技术交流与合作，加速了全球经济一体化的进程。

(二) 应对经济挑战，维护市场稳定

面对经济波动、金融危机等挑战，工商管理凭借其专业的分析能力和应对策略，为组织和政府提供了有效的解决方案。通过风险预警、危机管理、政策调整等手段，工商管理能够减轻经济冲击的影响，维护市场稳定。同时，它还倡导组织社会责任，鼓励组织在追求经济效益的同时，积极履行环保、公益等社会责任，促进经济社会的和谐发展。

三、提高单位运营效率

在全球化日益加深的今天，经济发展已经成为衡量一个国家或地区综合实力的重要指标。而工商管理作为一门综合性管理学科，其在优化资源配置、提升组织效能、激发市场活力等方面发挥着不可替代的作用。其中，提高单位运营效率是工商管理对经济发展最直接且显著的贡献之一。这一目标的实现，主要得益于工商管理在优化单位内部管理和激发员工工作积极性与创造力两方面的深刻影响。

(一) 优化单位内部管理

1. 精细化管理制度的构建

工商管理强调以科学、系统的方法对组织进行管理，通过建立健全各项规章制度，实现管理的精细化和规范化。这包括但不限于财务管理、人力资源管理、生产管理等各个方面。通过引入先进的管理理念和技术手段，如ERP (组织资源计划) 系统、六西格玛管理等，单位能够更高效地配置资源，减少浪费，提升整体运营效率。

2. 流程再造与优化

工商管理还注重对组织内部流程的持续优化和再造。通过流程分析、流程重组等手段，识别并消除非增值环节，简化复杂流程，使组织运行更加顺畅。这种"以顾客为中心，以流程为导向"的管理思想，不仅提高了工作效率，还增强了客户满意度，为组织赢得了市场竞争的优势。

3. 强化内部控制与风险管理

在复杂多变的市场环境中，工商管理强调内部控制和风险管理的重要性。通过建立完善的内部控制体系，单位能够有效防范和应对各种潜在风险，保障资产安全，提高经营效率。同时，加强对市场动态的监控和分析，及时调整经营策略，确保单位在激烈的市场竞争中保持稳健发展。

(二) 提高员工的工作积极性和创造力

1. 激励机制的完善

工商管理注重人性化管理，通过构建科学合理的激励机制，激发员工

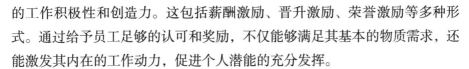

的工作积极性和创造力。这包括薪酬激励、晋升激励、荣誉激励等多种形式。通过给予员工足够的认可和奖励，不仅能够满足其基本的物质需求，还能激发其内在的工作动力，促进个人潜能的充分发挥。

2.营造良好的组织文化氛围

组织文化是组织的灵魂，也是员工工作积极性和创造力的重要源泉。工商管理强调构建积极向上、开放包容的组织文化，通过组织丰富多彩的团建活动、提供持续的学习和发展机会等方式，增强员工的归属感和凝聚力。在这样的文化氛围下，员工更容易产生创新思维和行动，为组织的发展贡献更多的智慧和力量。

3.倡导员工参与管理

工商管理还倡导员工参与管理，鼓励员工提出改进意见和建议。通过设立员工建议箱、开展员工满意度调查等方式，收集员工的反馈和意见，并将其纳入管理决策之中。这种民主化的管理方式不仅能够增强员工的责任感和主人翁意识，还能激发其创新思维和创造力，为组织的持续改进和发展注入新的活力。

四、优化单位资源配置

资源是有限的，而经济发展的需求却是无限的。因此，如何高效、合理地配置资源，成为决定经济增长质量和速度的关键因素。单位资源配置的优化，意味着在既定的资源条件下，通过科学的管理手段和技术创新，实现资源使用效率的最大化，减少浪费，提高产出效益。这不仅有助于提升组织的市场竞争力，还能促进整个产业链的协同发展和经济结构的优化升级。

工商管理在优化单位资源配置中的作用如下：

（一）战略规划引领方向

工商管理通过制定科学合理的组织战略规划，明确组织发展方向和目标，为资源配置提供宏观指导。战略规划有助于组织识别并抓住市场机遇，合理配置内外部资源，避免盲目投资和资源浪费。

(二)组织结构与流程优化

合理的组织结构设计和高效的业务流程是资源使用效率的重要保障。工商管理通过组织理论的应用，帮助组织构建灵活高效的组织架构，减少内耗，提高资源流转速度和使用效率。

(三)市场营销精准定位

市场营销是连接组织与市场的桥梁。工商管理通过市场细分、目标市场选择和市场定位等策略，帮助组织精准识别客户需求，合理配置营销资源，提高市场响应速度和客户满意度，从而增加市场份额和销售收入。

(四)财务与会计管理精细化

财务管理是组织资源配置的核心环节。工商管理通过全面预算管理、成本控制、资本运营等手段，实现财务资源的精细化管理和优化配置。会计信息的准确性与及时性，为管理层提供了决策支持，确保了资源配置的科学性和合理性。

(五)人力资源管理激发潜能

人力资源是组织最宝贵的资源之一。工商管理强调以人为本的管理理念，通过人力资源规划、招聘与配置、培训与开发、绩效管理等手段，激发员工潜能，提高员工工作效率和创新能力，从而为组织创造更多价值。

五、保护消费者权益

在当今复杂多变的全球经济环境中，工商管理作为一门综合性学科，不仅关注组织内部的运作管理与战略规划，更在促进经济健康、可持续发展中扮演着不可或缺的角色。其中，保护消费者权益作为工商管理的重要职能之一，不仅体现了社会公平正义的原则，更是推动经济高质量发展的关键驱动力。下面将从多个维度探讨工商管理如何通过对消费者权益的保护，促进经济的全面发展。

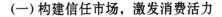

(一) 构建信任市场，激发消费活力

市场经济本质上是信用经济，而消费者权益的有效保护是构建市场信任体系的基石。工商管理通过制定和执行严格的法律法规，如《中华人民和国消费者权益保护法》《中华人民共和国产品质量法》等，规范市场主体的行为，打击假冒伪劣、虚假宣传等不法行为，确保消费者在购买商品或接受服务时能够获得真实、准确的信息，从而增强消费者的购买信心和满意度。这种信任的建立，能够极大地激发市场消费活力，促进商品和服务的流通，为经济增长提供源源不断的动力。

(二) 促进产品创新，优化产业结构

保护消费者权益还意味着鼓励组织注重产品质量和服务体验的提升。在工商管理的引导和监督下，组织为了赢得消费者的青睐，不得不加大研发投入，不断推出符合市场需求、高质量的新产品和服务。这种以消费者为中心的创新模式，不仅推动了组织自身的技术进步和产业升级，也促进了整个产业结构的优化和升级，为经济发展注入了新的活力。

(三) 维护公平竞争，促进市场繁荣

公平竞争是市场经济的核心原则之一。工商管理通过打击不正当竞争行为，如垄断、商业贿赂等，维护了市场的公平竞争秩序，保障了所有市场参与者的平等权利。这种公平的竞争环境，有利于激发组织的创新精神和竞争意识，推动组织在产品和服务上不断追求卓越，进而提升整个行业的竞争力和市场活力，为经济的持续繁荣奠定坚实的基础。

(四) 强化社会责任，促进可持续发展

保护消费者权益还涉及组织的社会责任问题。工商管理在推动组织遵守法律法规的同时，也倡导组织积极履行社会责任，关注环境保护、社会公益等议题。当组织意识到其经营活动不仅影响自身利益，还关系到广大消费者的福祉和社会的可持续发展时，它们会更倾向于采取绿色生产、公平贸易等可持续发展策略。这种以消费者为核心、兼顾社会利益的组织行为，有助

于构建更加和谐、可持续的经济社会发展模式。

六、促进消费增长

(一) 优化资源配置，提升市场效率

工商管理通过科学的管理理论与方法，引导组织合理配置资源，包括资金、人力、物力等生产要素。这种优化配置不仅降低了组织的运营成本，提高了生产效率和产品质量，还促进了市场供给的多样性和个性化，满足了消费者日益增长的多元化需求。随着市场供给质量的提升，消费者购买意愿增强，进而促进了消费的增长。

(二) 激发组织创新，推动产业升级

工商管理鼓励组织不断创新，包括技术创新、管理创新、市场创新等，以适应快速变化的市场环境和消费者需求。组织通过引入新技术、开发新产品、改进服务模式，不仅提升了自身的竞争力，还推动了整个产业链的升级。产业升级带来了更高附加值的产品和服务，增加了消费者的选择空间，激发了新的消费热点，进一步促进了消费的增长。

(三) 强化品牌建设，提升消费者忠诚度

在工商管理理念的指导下，组织越来越注重品牌的建设和维护。通过精准的市场定位、独特的品牌形象塑造以及优质的客户服务，组织能够建立起强大的品牌影响力和消费者忠诚度。品牌成为连接组织与消费者的桥梁，消费者在选择商品或服务时更倾向于信赖和购买自己认可的品牌。这种品牌效应不仅提高了组织的市场份额，还促进了消费者重复购买和口碑传播，从而推动了消费的增长。

(四) 加强市场营销，精准触达消费者

工商管理中的市场营销策略是促进组织销售、扩大市场份额的重要手段。通过深入分析消费者行为、偏好及需求趋势，组织能够制定更加精准的市场营销策略，如个性化推荐、精准广告投放、社交媒体营销等。这些策略

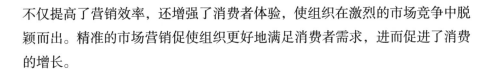

不仅提高了营销效率，还增强了消费者体验，使组织在激烈的市场竞争中脱颖而出。精准的市场营销促使组织更好地满足消费者需求，进而促进了消费的增长。

(五) 维护市场秩序，保障消费者权益

工商管理还承担着维护市场秩序、保护消费者权益的重要职责。通过建立和完善市场监管机制、打击不正当竞争行为、加强消费者权益保护法律法规的宣传和执行等措施，工商管理为消费者创造了一个公平、透明、安全的消费环境。这种良好的市场环境增强了消费者的消费信心和安全感，促进了消费意愿的提升和消费行为的实现。

七、规避与控制风险

(一) 风险识别与评估：工商管理的前瞻视角

经济发展的过程中，风险无处不在，从市场风险、财务风险到战略风险、技术风险，每一种风险都可能对组织的生存和发展造成重大影响。工商管理通过系统的风险识别与评估机制，帮助组织提前发现潜在的风险因素，分析其性质、影响范围和发生概率，为制定有效的风险应对策略提供数据支持。这种前瞻性的视角，使得组织能够在风险发生之前或初期就采取措施加以应对，从而避免或减轻损失。

(二) 策略规划与执行：工商管理的核心职能

面对经济发展的不确定性，工商管理强调策略规划与执行的重要性。通过深入分析市场需求、竞争态势、技术趋势等外部环境因素，结合组织自身的资源与能力，制定符合实际情况的发展战略。同时，通过优化组织结构、完善管理制度、加强内部控制等措施，确保战略的有效执行。这一过程不仅有助于组织明确发展方向，还能够在实施过程中及时发现并纠正偏差，降低因决策失误或执行不力带来的风险。

(三)创新驱动与转型升级：工商管理的动力源泉

在经济发展的新阶段，创新驱动和转型升级已成为提升竞争力的关键。工商管理通过鼓励组织加大研发投入、引进先进技术和管理模式、推动产品和服务的创新升级，助力组织实现转型升级。同时，工商管理还注重培养组织的创新意识和创新能力，鼓励组织积极探索新的商业模式和市场机会，以适应经济发展的新要求。这种创新驱动的发展模式不仅有助于组织规避传统业务领域的风险，还能为组织开辟新的增长空间。

第五章　工商管理理论的微观阐释

第一节　管理学

管理学是一门研究人类管理活动规律及其应用的科学，它以管理活动为研究对象，探讨管理的本质、原理、方法及其在管理实践中的应用。管理学旨在通过对管理活动的研究，提高组织的效率和效益，推动社会的进步和发展。

一、管理学的定义

管理学是组织为了更有效地实现组织目标，而对各种资源进行计划组织领导控制的一系列协调活动的过程。

二、管理学的理论体系

管理学作为一门在自然科学与社会科学交汇点上孕育而生的综合性交叉学科，其理论体系的广博与深邃不仅体现在对传统学科知识的整合与创新上，更在于对新兴科学理论的吸纳与融合上。

(一) 管理学的基础学科支撑

1.经济学与商务学

管理学的基础根植于经济学原理，如供需理论、成本效益分析等，用于指导组织在市场中的资源配置与决策制定。商务学则进一步关注商业实践中的具体操作策略，如市场进入、供应链管理、国际贸易等，为管理学提供了丰富的应用场景。

2. 会计学与金融学

会计学为管理学提供了精确的财务数据分析工具，帮助管理者了解组织的财务状况、经营成果及现金流状况。金融学则关注资本的有效配置与风险管理，为组织的融资、投资及资本运作提供理论指导。

3. 市场营销学

作为连接组织与市场的关键纽带，市场营销学关注消费者行为、市场细分、产品定位及促销策略等，对管理学的市场导向思维具有重要影响。

(二) 管理学的社会科学维度

1. 政治学与社会学

管理学借鉴政治学中的权力结构、政策制定等理论，探讨组织内部的权力分配与决策机制；同时，社会学关于社会结构、群体行为的研究，为理解组织文化、团队建设及员工关系提供了宝贵视角。

2. 心理学与人类学

人的因素是管理学不可忽视的核心。心理学关注个体与群体的心理过程、动机与行为，为领导力培养、员工激励及冲突管理提供科学依据。人类学则通过跨文化的视角帮助管理者理解不同文化背景下的员工心态与行为模式。

3. 伦理学与哲学

随着组织社会责任意识的增强，管理学越来越重视伦理道德问题。伦理学探讨组织行为的是非善恶标准，而哲学则帮助管理者思考组织的终极目标与价值追求。

(三) 技术科学与新兴科学的融入

1. 计算机科学与工业技术

信息技术的飞速发展使管理学与计算机科学紧密结合，如企业资源计划（ERP）、客户关系管理（CRM）等信息系统成为现代管理不可或缺的工具。同时，工业技术的进步也推动了生产方式的变革，如精益生产、智能制造等理念，为管理学提供了新的实践领域。

2. 系统论、信息科学与控制论

这些新兴科学理论为管理学提供了全新的分析框架。系统论强调组织的整体性与动态平衡；信息科学关注信息的获取、处理与利用；控制论则研究如何通过反馈机制实现目标的精准控制，共同促进了管理学的科学化与精细化发展。

3. 耗散结构论、协同论与突变论

这些理论从复杂系统的角度揭示了组织演变的内在规律，为理解组织变革、创新及危机管理提供了新的视角。

（四）领导学、决策科学等前沿领域

领导学关注领导者的特质、行为与影响力，强调领导力的培养与提升；决策科学则运用数学模型、统计分析等方法，提高决策的科学性与准确性。此外，未来学、预测学、创造学、战略学等学科也为管理学提供了前瞻性的思考框架，帮助组织在不确定环境中制定长远发展规划。

三、管理学的研究内容

（一）从管理的二重性出发

管理学的研究首先基于其固有的二重性特征，即自然属性（生产力方面）和社会属性（生产关系及上层建筑方面）的统一。

1. 生产力方面

管理学关注如何通过科学的方法和技术手段，优化资源配置。这包括生产流程的设计、技术创新的应用、质量管理的提升等，旨在最大化地利用有限资源创造更多价值。同时，管理学还研究如何激发员工的积极性和创造力，作为生产力中最活跃的因素，人的潜能开发对于提升组织整体生产力至关重要。

2. 生产关系方面

管理学探讨如何构建和维护良好的组织内部关系，包括权力分配、利益协调、沟通机制等，以确保组织目标的顺利实现。这要求管理者理解并适应不同的社会文化背景，妥善处理人际关系，促进团队合作，形成积极向上

的组织氛围。

3. 上层建筑方面

管理学还关注组织如何适应外部环境的变化，包括政策法规、社会文化、技术进步等上层建筑因素的影响。管理者需要具备战略眼光，能够预见并应对外部环境的变化，制定符合时代要求的发展战略，确保组织的可持续发展。

（二）历史演变视角

管理学的发展是一个不断积累、创新和完善的过程。从历史的角度研究管理实践、思想、理论的形成、演变和发展，有助于我们更好地理解管理学的本质和规律，知古鉴今，为当前的管理实践提供借鉴。

通过梳理古代的管理思想、近代管理理论以及现代管理理论的演变过程，我们可以发现，管理学的发展始终与时代背景紧密相连，不断吸收其他学科的知识和方法，形成了一系列具有时代特色的管理理论和管理模式。这些理论不仅丰富了管理学的理论体系，也为实践中的管理者提供了宝贵的指导。

（三）管理者为中心的管理过程视角

管理学的研究最终要落实到管理者的具体实践中。从管理者出发研究管理过程，主要包括以下几个方面：

1. 管理活动的职能

明确管理活动的基本职能，如计划、组织、领导、控制等，这些职能是管理者在实施管理过程中必须履行的基本职责。

2. 职能涉及的要素

分析各职能所涉及的要素，如人员、资金、物资、信息等，以及这些要素之间的相互作用关系，为管理者提供全面的管理视角。

3. 执行职能的原理、方法、程序和技术

探讨管理者在执行各项职能时应遵循的原理、采用的方法、遵循的程序和运用的技术，以提高管理效率和效果。

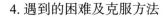

4. 遇到的困难及克服方法

识别管理过程中可能遇到的困难和挑战，如沟通障碍、资源短缺、环境变化等，并提出相应的解决策略和方法，帮助管理者有效应对各种复杂情况。

四、管理学在学科体系中的重要地位

(一)综合性交叉学科

管理学是在自然科学和社会科学两大领域的交叉点上建立起来的一门综合性交叉学科。它涉及多个学科领域，例如：

1. 数学方面

包括概率论、统计学、运筹学等，这些数学知识为管理中的决策、规划等提供了量化分析的方法和工具，有助于管理者进行资源分配、风险评估等工作。例如，在项目管理中，运筹学可以帮助优化项目进度安排，统计学可用于市场调研数据的分析。

2. 社会科学方面

涵盖政治学、经济学、社会学、心理学、人类学、生理学、伦理学、哲学、法学等。政治学中的权力分配、政策制定等理念对组织管理中的权力架构和战略决策有影响；经济学的供求关系、成本效益分析等理论是组织管理中资源配置、市场策略制定的重要依据；心理学对理解员工的行为动机、激励机制等具有关键意义，像马斯洛的需求层次理论在管理学的激励理论中有广泛应用。

3. 技术科学方面

包含计算机科学、工业技术等。计算机科学推动了管理信息系统（MIS）的发展，使组织能够高效地进行信息处理、数据存储和决策支持；工业技术的发展促使了生产管理理论和方法的不断创新，如精益生产、智能制造等理念都是工业技术发展的背景下管理学在生产领域的创新应用。

4. 新兴科学方面

涉及系统论、信息科学、控制论、耗散结构论、协同论、突变论等。系统论让管理者从整体的角度看待组织，将组织视为一个系统，协调各个子系

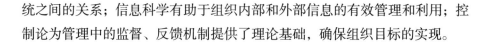

统之间的关系；信息科学有助于组织内部和外部信息的有效管理和利用；控制论为管理中的监督、反馈机制提供了理论基础，确保组织目标的实现。

(二) 广泛的学科关联性

管理学与许多其他学科既相区别又相结合，这些学科成为管理学的重要工具和基础知识。

1. 与经济学的关系

经济学为管理学提供了宏观的经济环境分析和微观的经济行为分析框架。管理学则是在经济学的基础上，更多地关注组织或组织内部的资源整合、效率提升和目标达成。例如，组织在制定战略时，既要考虑宏观经济形势 (经济学范畴)，同时又要运用管理学的战略规划方法确定自身的发展方向。

2. 与社会学的关系

社会学研究社会结构、社会关系等，管理学在组织行为、人力资源管理等方面借鉴社会学的理论成果。例如，理解组织内部的群体行为、组织文化的形成等可以借助社会学中的群体理论和文化理论。

3. 与心理学的关系

心理学研究人类的心理和行为规律，这对管理学中的激励理论、领导理论等有着根本性的支撑作用。管理者需要依据员工的心理特点制定激励措施，选择合适的领导风格，以提高员工的工作积极性和工作效率。

(三) 在现代社会中的不可或缺性

1. 对组织发展的关键意义

在组织的计划职能方面，管理学提供了战略规划、目标设定、项目计划等理论和方法，帮助组织明确发展方向，合理安排资源。例如，组织通过市场调研、环境分析等手段制定年度经营计划，这一过程依赖于管理学中的计划理论和工具。

在组织职能上，管理学构建了组织架构设计、部门划分、人员配置等方面的知识体系。组织根据自身的战略目标构建合理的组织架构，如采用职能型、事业部型或矩阵型等不同的组织结构形式，以提高组织运行效率。

在领导职能方面，管理学研究不同的领导风格、领导行为对员工的影响，为组织选拔和培养领导者提供理论依据。有效的领导能够激励员工，凝聚团队力量，实现组织目标。

在控制职能上，管理学建立了绩效评估、偏差纠正等机制，确保组织的各项活动按照预定计划进行。通过设定关键绩效指标（KPI），定期对组织的运营状况进行评估，及时发现问题并加以解决。

2. 在社会管理中的重要性

在政府管理方面，管理学原理被广泛应用于公共政策制定、公共部门组织管理、公共资源分配等领域。政府通过科学的管理方法提高公共服务的质量和效率，满足社会公众的需求。

在非营利组织管理中，管理学有助于非营利组织明确使命、制定战略、进行项目管理和资源筹集等。如慈善机构需要运用管理学的知识进行资金管理、项目运作和志愿者管理等，以更好地实现其公益目标。

五、管理学的特征

管理学的核心特征之一便是其综合性。这一特征不仅体现在其理论体系的广泛涵盖上，也展现在实践应用的多元化和跨学科融合之中。

(一) 理论构建的综合性

管理学的理论构建是一个多视角、多层次的系统工程，它融合了经济学、心理学、社会学、政治学、数学、计算机科学等多个学科的知识与方法。例如，经济学为管理学提供了成本效益分析、市场供需理论等经济视角；心理学则通过组织行为学、领导力理论等，探讨了人的动机、态度、行为对组织绩效的影响；社会学则关注组织文化、社会网络、权力关系等社会因素对管理实践的作用。这种跨学科的理论融合，使得管理学能够全面而深入地理解组织运作的内在机制与外部环境，为管理者提供丰富的理论工具和分析框架。

(二) 实践应用的综合性

管理学的实践应用同样体现出强烈的综合性。在现实世界中，管理问题往往不是单一维度的，而是涉及战略规划、组织结构、人力资源、市场营销、财务管理等多个方面的综合考量。因此，管理者需要具备综合运用各种管理理论和方法的能力，以应对复杂多变的管理挑战。例如，在制定组织战略时，管理者需要综合考虑市场环境、竞争对手、内部资源与能力等多方面因素；在优化组织结构时，则需平衡部门间的协作与竞争，确保信息流通顺畅，决策高效执行。这种综合性的实践应用要求管理者具备高度的全局观和协调能力，以实现组织的整体最优。

(三) 跨学科融合的综合性

随着科技的进步和社会的发展，管理学与其他学科的交叉融合日益加深，形成了许多新兴的管理领域，如知识管理、创新管理、可持续发展管理等。这些新兴领域不仅拓宽了管理学的研究边界，也推动了管理学理论的创新与发展。例如，知识管理结合了信息科学、认知科学等多个学科的知识，研究如何在组织中有效地创造、获取、整合、分享和应用知识，以提升组织的核心竞争力；可持续发展管理则融合了环境科学、经济学、社会学等多学科的理论，探索如何在满足当前需求的同时，且不损害后代满足其需求的能力。这些跨学科融合的尝试，不仅丰富了管理学的内涵，也为解决现代社会面临的复杂问题提供了新的视角和思路。

(四) 管理学的实践性

管理学是一门实践性很强的学科，管理人员付诸实践的是管理学而不是经济学，不是计量方法，不是行为科学。管理人员付诸实践的是管理学。管理的各种方法、工具、手段其终极目标都是为了追求资源的合理利用，立足组织实际，尽最大可能创造有效价值。

1. 理论与实践的深度融合

管理学之所以具备强大的生命力，很大程度上归功于其能够将抽象的理论知识与复杂多变的实践环境紧密结合。无论是古典管理理论中的泰勒科学管理、法约尔的一般管理理论，还是现代管理理论中的权变理论、战略管理、人力资源管理等，每一种理论的提出与发展，都是基于对当时社会经济条件和组织管理实践的深入洞察与反思。管理人员在实践中运用这些理论

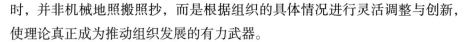

时，并非机械地照搬照抄，而是根据组织的具体情况进行灵活调整与创新，使理论真正成为推动组织发展的有力武器。

2. 追求资源的合理利用与价值创造

管理的核心在于资源的合理配置与有效利用，以最小的投入实现最大的产出，这是管理学实践性的直接体现。无论是物质资源、人力资源还是信息资源，管理人员都需要通过科学的规划、组织、领导和控制等手段确保这些资源能够高效协同，为组织创造持续的价值。在实践中，管理人员需要不断分析市场需求、评估组织内外部环境、优化生产流程、激发员工潜能，以实现资源的最大化利用和价值的最大化创造。

3. 立足组织实际，灵活应变

管理学的实践性还体现在其对组织实际情况的深刻理解和灵活应对上。每个组织都有其独特的文化背景、组织结构、发展阶段和市场环境，因此，没有一种放之四海而皆准的管理方法。管理人员必须深入组织一线，了解组织的真实需求和痛点，结合组织的实际情况，制定出切实可行的管理策略。同时，面对市场变化、技术革新等外部因素的冲击，管理人员还需具备敏锐的洞察力和快速的反应能力，及时调整管理策略，确保组织在复杂多变的环境中保持竞争力和可持续发展能力。

4. 持续学习与创新

管理学的实践性还体现在其不断学习与创新的内在要求上。随着时代的发展和科技的进步，管理理论和方法也在不断更新换代。管理人员要想在激烈的市场竞争中立于不败之地，就必须保持持续学习的态度，紧跟时代步伐，掌握最新的管理知识和技能。同时，还需要勇于创新，敢于打破传统思维模式的束缚，探索适合组织自身特点的管理新模式和新方法，以推动组织不断向前发展。

（五）管理学的社会性

1. 管理学的社会性内涵

管理学的社会性，简而言之，是指管理活动总是在一定的社会环境中进行，受到社会制度、文化价值观、法律法规以及人际关系等多重社会因素的影响和制约。这一特征强调了管理过程与社会的紧密联系，要求管理者在决策和行动中充分考虑社会因素，以实现组织的可持续发展与社会责任的和谐统一。

2. 管理学社会性的具体表现

（1）文化适应性

文化适应性是管理学社会性的重要体现之一。组织文化适应是指组织在适应外部环境变化的同时，能够保持内部文化的基本特征和核心价值观，并使其与外部环境相协调，实现稳定发展的过程。这一过程涉及组织结构、管理风格、员工价值观等方面的调整与融合。组织文化适应不仅有助于组织快速适应市场变化，保持竞争优势，还能促进组织内部的和谐与稳定。通过文化适应，组织能够减少变革过程中的内部冲突，增强员工的凝聚力和归属感，为组织的持续发展奠定坚实的基础。

（2）利益相关者管理

利益相关者管理是管理学社会性的又一重要方面。在现代组织中，利益相关者包括股东、员工、客户、供应商、政府及社区等。管理者需要识别并关注这些利益相关者的利益和需求，制定相应的管理策略。对利益相关者的管理可以分为确定利益相关者、识别其特殊利益或利害关系，以及评估其对组织决策和行动的关键性。通过有效的利益相关者管理，组织能够平衡各方利益，增强组织的社会责任感和公信力，进而实现可持续发展。

（3）社会责任与伦理

管理学中的社会责任与伦理是体现其社会性的核心要素。社会责任要求组织不仅追求经济利益，还要积极履行社会职责，关注社会问题，并为社会做出积极贡献。这包括环境保护、员工权益保障、消费者权益保护等方面。伦理则强调管理决策中的道德原则，要求管理者在制定决策时考虑伦理因素，遵守基本道德原则，确保决策符合社会伦理道德要求。通过履行社会责任和遵守伦理规范，组织能够树立良好的社会形象，增强品牌信誉，为组织的长远发展创造有利条件。

（4）社会网络与资源动员

社会网络在管理学中扮演着重要角色，其对社会资源的动员和整合能力体现了管理学的社会性。社会网络既可以表现出桥梁作用或拓宽作用，为组织资源动员提供新渠道，帮助获取新的更多的资源，也可以表现出聚合作用或稳定作用，为组织资源动员的持续性提供保障。然而，社会网络并非百利而无一害，其受到人际关系和个体能动性的影响，可能表现出自发性拓展、缺乏自我修复能力和行为异常等问题。因此，管理者需要发挥社会网络的优势，降低其劣势，确保组织资源动员的效率和效果。

（5）政策与法律遵从

政策与法律遵从是管理学社会性的重要保障。组织在进行经营活动时，必须严格遵守国家相关法律法规和政策要求。这包括组织结构的合法性、经营活动的合规性、员工权益的保障以及信息安全等方面。通过制定和执行严格的管理制度，组织能够确保合规运营，避免法律风险，保障组织及员工的合法权益。同时，政策与法律遵从也是组织社会责任的重要体现，有助于提升组织的社会形象和公信力。

3. 管理学社会性对现代管理实践的启示

（1）强化人本管理：构建以人为本的组织文化

在强调社会性的管理背景下，人本管理成为核心理念之一。这意味着管理应超越简单的任务分配与绩效考核，转而聚焦于人的需求、成长与价值的实现。组织应构建以人为本的组织文化，通过提供良好的工作环境、公平的激励机制、丰富的职业发展路径等，激发员工的内在动力，促进他们的积极性和创造力。这种文化能够增强员工的归属感与忠诚度，使团队更加凝聚，共同推动组织向更高目标迈进。

（2）推动可持续发展：融入社会责任的发展战略

可持续发展不仅是环境保护的呼唤，也是组织管理现代化的重要标志。组织应将社会责任纳入其发展战略的核心，追求经济效益、社会效益与环境效益的和谐共生。这包括减少生产过程中的资源消耗与污染排放，推动绿色技术创新，积极参与社会公益活动，以及促进供应链的可持续发展等。通过这些举措，组织不仅能够树立良好的社会形象，增强品牌价值，还能在长远发展中获得更加稳定的市场地位和竞争力。

（3）加强沟通与协作：建立互信共赢的关系网络

有效的沟通是管理成功的基石。在日益复杂多变的市场环境中，管理者需要具备高超的沟通技巧，加强与内外部利益相关者的沟通与协作。这包括与员工、客户、供应商、政府及社区等各方的有效互动，建立基于互信与尊重的合作关系。通过开放透明的沟通机制，及时传递信息，解决分歧，促进共识，能够显著提升组织的决策效率与执行力，共同应对市场挑战，实现共赢发展。

(4) 注重创新与变革：适应快速变化的社会环境

面对日新月异的社会环境，创新与变革成为组织生存发展的关键。管理者应具备敏锐的洞察力和前瞻性的思维，不断审视和反思现有的管理模式与业务流程，勇于尝试新的管理理念、技术与方法。通过鼓励内部创新，搭建创新平台，引入外部创新资源，组织能够不断适应市场变化，抓住新兴机遇，引领行业潮流。同时，管理者还需具备灵活应对变革的能力，及时调整管理策略，确保组织在快速变化的环境中保持稳健前行。

(六) 管理学的历史性

1. 历史性是管理学的基石

管理学的历史性体现在其理论体系的建构上。从古至今，管理思想与实践活动一直伴随着人类社会的发展而不断演进。从古代中国的《孙子兵法》中蕴含的军事管理智慧，到古希腊哲学家如柏拉图、亚里士多德对组织与社会治理的探讨，再到中世纪欧洲行会制度下的自我管理实践，以及工业革命后科学管理理论的兴起，如弗雷德里克·泰勒的"科学管理原理"，管理学理论经历了从萌芽、形成到不断完善的漫长过程。这些理论成果无一不是基于当时特定的历史背景和社会需求而产生的，反映了不同历史时期管理活动的特点和要求。

2. 管理实践的历史性印记

管理学的历史性还深刻体现在管理实践活动中。随着时代的变迁，管理实践的内容和方式也在不断变化。从早期的家族式管理、经验式管理，到后来的科学管理、行为科学管理，再到现代的战略管理、知识管理、创新管理等，每一次管理实践的变革都伴随着社会生产力的发展、经济结构的调整以及科技进步的推动。这些实践活动的演变，不仅是对管理学理论的验证和丰富，也是管理学历史性的具体体现。

3. 历史的传承与创新

管理学的历史性还表现在其对历史经验的传承与创新上。管理学不是

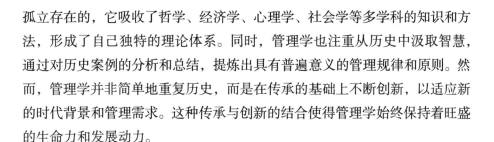

孤立存在的，它吸收了哲学、经济学、心理学、社会学等多学科的知识和方法，形成了自己独特的理论体系。同时，管理学也注重从历史中汲取智慧，通过对历史案例的分析和总结，提炼出具有普遍意义的管理规律和原则。然而，管理学并非简单地重复历史，而是在传承的基础上不断创新，以适应新的时代背景和管理需求。这种传承与创新的结合使得管理学始终保持着旺盛的生命力和发展动力。

第二节 人力资源及其管理

一、人力资源的定义

人力资源是指在一定范围内的人口总体所具有的劳动能力的总和，或者说是指能够推动整个经济和社会发展的具有智力劳动和体力劳动能力的人们的总和。它是一种以人为载体的资源，存在于人体中，以体能、知识、技能、能力、个性行为特征倾向等为具体表现的经济资源。

二、人力资源的质量

（一）影响因素：多维度塑造人力资源质量

1. 先天遗传

先天遗传是人力资源质量的基础。个体的基因决定了其身体结构、生理机能及部分智力潜能，这些因素在很大程度上影响着一个人的体能素质和智能素质的发展潜力。尽管遗传因素不可控，但通过科学的方法了解并优化基因表达可以为提升人力资源质量提供新的思路。

2. 营养状况

良好的营养是保障人体正常生长发育和维持日常活动的基础。营养不良会直接影响个体的体能素质和智力发展水平，而均衡、充足的营养则有助于促进身体机能的完善和大脑功能的优化，从而提高工作效率和创新能力。

3. 环境因素

环境因素包括自然环境和社会环境两方面。自然环境如气候、地理位置等，虽非直接决定因素，但会在一定程度上影响人的健康和工作状态。而社会环境，如家庭背景、经济条件、文化氛围等，则对个体的价值观、行为模式和职业选择产生深远影响，进而影响其工作表现和职业发展。

4. 教育与训练

教育与训练是提升人力资源质量的关键途径。通过系统的教育，个体可以获得知识、技能和价值观的全面发展；而针对性的训练则能进一步提升专业技能和实际操作能力。教育与训练不仅提高了劳动者的技能等级，还培养了其良好的劳动态度和团队合作精神，为组织带来更大的价值。

（二）衡量指标：全面评估人力资源质量

1. 健康卫生指标

健康是人力资源质量的基础保障。健康卫生指标包括员工的身体健康状况、职业病发病率、心理健康水平等，这些指标直接反映了员工的生理和心理状态，对于维持工作效率和减少工作风险具有重要意义。

2. 教育和训练状况

教育与训练状况是衡量人力资源质量的重要维度。包括员工的学历层次、专业技能水平、继续教育参与度等。这些指标不仅反映了员工的知识结构和技能储备，还体现了其学习能力和职业发展的潜力。

3. 劳动者的技能等级指标

技能等级是衡量劳动者专业技能水平的重要标准。通过职业技能鉴定或专业认证，可以客观评价劳动者的技能水平，为组织合理配置人力资源提供依据。技能等级高的员工往往能更高效地完成任务，为组织创造更多价值。

4. 劳动态度指标

劳动态度是影响工作效率和团队合作的关键因素。良好的劳动态度表现为高度的责任心、积极的工作态度、良好的团队合作精神等。这些指标虽难以量化，但可以通过员工的行为表现、工作绩效和同事评价等方式进行综合评价。

三、人力资源的特征

人力资源作为组织和社会的重要组成部分，其具有独有的特征，这些特征使得人力资源在管理、开发和利用上与其他资源有所不同。以下是人力资源的主要特征，这些特征基于给定的搜索结果进行总结：

(一) 生物性与能动性：生命力的源泉与智慧的火花

1. 生物性

人力资源首先是一种生物资源，它依托于人体的存在而存在。这种生物性不仅赋予了人力资源以生命的活力，还意味着它受到生理规律、健康状况、年龄阶段等多种自然因素的影响。然而，正是这种生物性，为人力资源的可持续利用和开发提供了基础。通过合理的健康管理、职业培训和生活保障，可以最大限度地延长人力资源的有效使用期，实现其长期价值的最大化。

2. 能动性

人力资源的精髓在于其能动性，这是区别于其他生物资源的根本标志。能动性指的是人力资源能够主动地、有目的地认识世界和改造世界的能力。在劳动过程中，人力资源能够根据自身意愿、兴趣和能力，创造性地发挥作用，不仅完成既定任务，还能不断寻求改进和创新。这种主观能动性是推动技术进步、产业升级和社会发展的重要力量。通过激发员工的积极性和创造力，组织能够不断突破自我，实现可持续发展。

(二) 可变性与增值性：知识与技能的无限潜力

1. 可变性

人力资源的价值并非固定不变的，而是随着劳动过程的发展而不断变化的。这种可变性体现在两个方面：一是随着个体经验的积累和技能的提升，人力资源的内在价值逐渐增加；二是随着社会环境和市场需求的变化，人力资源的外部价值也会发生相应调整。因此，人力资源管理需要密切关注员工的成长和发展，以及市场趋势的变化，及时调整人力资源配置和培训计划，以确保人力资源的价值得到充分发挥。

2. 增值性

人力资源的增值性是其最为引人注目的特征之一。与物质资本不同，人力资源在使用过程中不仅不会消耗殆尽，反而会因为知识、技能和经验的积累而不断增值。这种增值性不仅体现在个体层面——员工通过学习和实践提升自我价值；还体现在组织层面——团队协作和知识共享促进组织整体效能的提升。此外，人力资源的增值性还体现在其能够创造超过自身价值的财富上。通过创新思维和高效劳动，人力资源能够为组织带来超额利润和社会效益，实现个人与组织的双赢。

(三) 时效性与再生性：时间的艺术与人力的重塑

1. 时效性：生命周期的宝贵窗口

人力资源的时效性，是指其有效性受限于人的生命周期，特别是工作能力的高峰期往往集中在成年期的早期至中期。这一特性强调了人力资源开发与利用的时间敏感性。组织需把握这一黄金时期，通过科学的招聘、培训和发展策略，迅速提升员工的专业技能和综合素质，确保人力资源的最大化利用。同时，也需关注员工职业生涯的规划与管理，为不同年龄段的员工提供适合的成长路径，延长其职业生涯的有效期。

2. 再生性：休息与学习的力量

与自然资源不同，人力资源具有显著的再生性。通过合理的休息、充足的营养以及持续的学习与培训，员工的体力、智力和技能都能得到恢复和提升，实现"人力资源"的再生。这一特性要求组织重视员工的福利与健康，营造积极向上的学习氛围，鼓励员工参与各种形式的继续教育，以保持团队的创新力和竞争力。此外，有效的激励机制和职业规划也能激发员工的内在动力，促进个人潜能的持续挖掘与释放。

(四) 社会性与协作性：构建团队的力量

1. 社会性：文化与环境的烙印

人力资源是社会性的，这意味着其形成、发展和表现都深受社会环境和文化背景的影响。不同的社会体系、价值观念和道德规范塑造了员工的思维方式和行为模式，进而影响其工作态度和绩效表现。因此，组织在管理人

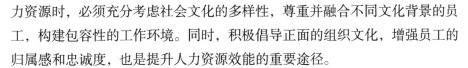

力资源时，必须充分考虑社会文化的多样性，尊重并融合不同文化背景的员工，构建包容性的工作环境。同时，积极倡导正面的组织文化，增强员工的归属感和忠诚度，也是提升人力资源效能的重要途径。

2. 协作性：团队的核心价值

"团队是人力资源的核心"，这句话深刻揭示了协作性在人力资源管理中的重要性。在现代组织中，几乎没有任何一项任务可以单凭个人之力完成，团队合作已成为实现共同目标的关键。协作不仅能够集思广益，激发创新思维，还能通过分工合作提高工作效率和质量。因此，组织需加强团队建设，通过有效的沟通机制、明确的角色分配和合理的激励机制，促进团队成员之间的相互信任与支持，形成强大的团队合力。

(五) 活动性与可控性：生命的律动与组织的驾驭

1. 活动性

人力资源的首要特征在于其活动性，这一特性根植于人的生物属性与社会属性的结合之中。人力资源是活生生的个体，他们拥有思想、情感、需求和潜能，这些要素随着个体的成长、学习、工作而不断变化。尤为重要的是，人力资源的价值和使用价值是随着个体的生命进程而存在的，一旦个体生命结束，其作为人力资源的属性和价值也随之消失。这种活动性要求组织在管理和利用人力资源时，必须充分尊重人的生命周期和发展规律，注重长期投资与持续关怀。

2. 可控性

尽管人力资源具有高度的活动性，但其生成过程却是可控的。这意味着，通过科学的组织、规划和管理，组织可以有效地培养和招募符合自身发展需求的人力资源。从招聘选拔、培训发展、绩效考核到薪酬福利等各个环节，组织都能施加影响，引导人力资源朝着既定的方向成长和发展。可控性不仅体现在对人力资源数量的调控上，更在于对其质量、结构和布局的优化上。通过精准的人才战略和有效的管理手段，组织能够构建起一支高素质、高效率、高凝聚力的人才队伍，为组织的持续发展提供坚实的支撑。

（六）能动性与连续性：自我超越与持续进步的源泉

1. 能动性

人力资源的能动性是其区别于其他资源的根本所在。作为有意识的生命体，人能够主动开发自身能力，追求自我实现和超越。这种能动性体现在个体对知识的渴望、对技能的磨炼、对创新的追求等多个方面。员工在组织中的能动性是推动组织变革、促进业务创新的重要力量。因此，组织应积极营造鼓励创新、支持成长的文化氛围，激发员工的内在动力，让他们在工作中发挥最大的潜能和创造力。

2. 连续性

人力资源的连续性则强调了持续开发和学习的重要性。在快速变化的知识经济时代，只有不断学习、不断进步，才能保持个人和组织的竞争力。人力资源的连续性不仅体现在个人职业生涯的延续上，更在于其能力素质的不断提升和适应性的不断增强。组织应当建立完善的培训体系和学习机制，鼓励员工参加各种形式的培训和学习活动，不断提升其专业素养和综合能力。同时，通过实施职业发展规划和绩效激励机制，引导员工制定个人发展目标，将个人成长与组织发展紧密结合起来，实现双赢的局面。

（七）个体的独立性：激发创新与自主性的源泉

1. 决策空间的自主赋予

人力资源的独立性首先体现在每个个体都拥有一定的决策空间。这种空间不仅限于岗位职责内的具体事务处理，更包括在问题解决、项目推进过程中的策略选择与优化。组织通过授权、信任与激励机制，鼓励员工在遵循组织目标的前提下，充分发挥个人判断力和创造力，从而激发组织的整体活力与创新能力。

2. 个性化发展的尊重

每个员工都是独一无二的个体，拥有不同的教育背景、技能特长、职业规划和价值观。尊重并促进员工的个性化发展不仅能够满足员工自我实现的需求，还能为组织培养多元化的人才梯队，增强组织的适应性和竞争力。在独立性得到保障的环境中，员工更容易产生归属感与忠诚度，形成积极向上的组织文化。

(八) 内耗性: 管理挑战与应对之策

1. 疲劳与压力的双重影响

人力资源的独立性并非没有代价, 长时间的高强度工作、复杂多变的工作环境以及个人职业发展的不确定性, 都可能导致员工产生疲劳感和压力。这种内耗性不仅影响员工的身心健康, 还直接降低工作效率与创造力, 甚至引发人才流失。因此, 如何有效管理员工的疲劳与压力, 成为组织不得不面对的重要课题。

2. 管理策略与实践

(1) 建立合理的工作负荷机制

通过科学的工作分析与时间安排, 确保员工工作量适度, 避免过度加班和长期高压状态。

(2) 强化心理健康支持

提供心理咨询服务, 开展压力管理培训, 帮助员工建立正确的职业观与压力应对策略。

(3) 营造积极向上的工作氛围

鼓励团队合作, 加强内部沟通, 营造开放、包容、支持的工作环境, 让员工感受到组织的关怀与支持。

(4) 实施灵活的工作制度

实施灵活的工作制度, 如远程办公、弹性工作时间等, 以适应员工的不同需求, 提升工作满意度与幸福感。

人力资源的特征体现了其独特性, 这些特性要求在人力资源管理中采取针对性的策略, 以最大化其价值和效能。

四、人力资源管理的概念

人力资源管理 (Human Resource Management, HRM) 是指在一定范围内的人口总体所具有的劳动能力的总和, 或者说是指能够推动整个经济和社会发展的具有智力劳动和体力劳动能力的人们的总和。从管理角度来看, 就是运用现代化的科学方法, 对与一定物力相结合的人力进行合理的培训、组织和调配，使人力、物力经常保持最佳比例，同时对人的思想、心理和行为进行恰当的诱导、控制和协调，充分发挥人的主观能动性，使人尽其才、事得其人、人事相宜。也可以理解为运用科学的方法协调人与事的关系，处理人与人的矛盾，充分发挥人的潜能，以实现组织目标的过程。

五、理解人力资源管理的两个方面

（一）对人力资源外在要素——**量的管理**

对人力资源进行量的管理就是根据人力和物力及其变化对人力进行恰当的培训、组织和协调，使二者经常保持最佳比例和有机的结合，使人和物都充分发挥出最佳效应。

（二）对人力资源内在要素——**质的管理**

主要是指采用现代化的科学方法，对人的思想、心理和行为进行有效的管理（包括对个体和群体的思想、心理和行为的协调、控制和管理），以达到组织目标。

六、人力资源管理的特征

（一）系统性：构建协同高效的管理网络

人力资源管理系统是一个多维度、多层次的完整体系，各个子系统如招聘、培训、绩效管理、薪酬福利、员工关系等，虽各有侧重，却紧密相连，共同作用于组织的整体运营。这种系统性体现在：

1. 相互依存

每个子系统都是整体不可或缺的一部分，例如，招聘的质量直接影响到后续培训的效果及团队的绩效表现；而良好的绩效管理体系又能激励员工积极参与培训，形成良性循环。

2. 协同增效

通过整合各子系统资源，实现信息共享、流程优化，能够显著提升人力资源管理的效率和效果，进而转化为组织的竞争优势。例如：利用大数据和

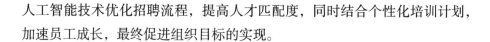

人工智能技术优化招聘流程，提高人才匹配度，同时结合个性化培训计划，加速员工成长，最终促进组织目标的实现。

(二) 一致性：确保战略导向与行动协同

人力资源管理实践必须与组织整体竞争战略目标保持高度一致，这是确保组织方向正确、行动有力的关键。一致性体现在：

1. 战略对齐

HRM 策略需紧密围绕组织战略目标的制定，确保所有 HR 活动都能直接或间接支持组织战略的实现。例如，在快速扩张阶段，组织可能需要采取更为激进的招聘策略，以迅速扩充团队规模；而在成熟稳定期，则可能更注重内部人才培养和绩效优化。

2. 内部协调

各 HR 子系统之间以及 HR 部门与其他业务部门之间需保持密切沟通与合作，确保各项政策、措施在实施过程中相互协调，避免冲突与资源浪费。

(三) 开放性：拥抱变化，持续创新

面对外部环境的不确定性，人力资源管理系统必须具备高度的开放性，以不断适应新情况、新挑战。开放性体现在：

1. 人才引进

积极从外部市场吸纳优秀人才，为组织注入新鲜血液和创新思维。同时，建立多元化的人才招聘渠道，确保人才来源的广泛性和多样性。

2. 信息流动

加强与外部环境的互动，包括行业动态、竞争对手信息、人才市场动态等，以便及时调整 HR 策略，保持组织的灵活性和竞争力。

3. 持续改进

鼓励内部创新，建立反馈机制，持续优化 HR 流程、工具和方法，提升管理效率和员工满意度。同时，关注新技术、新理念的应用，如云计算、大数据、人工智能等，以科技赋能 HR 管理，推动组织变革与发展。

（四）动态性：灵活应变，保持系统平衡

随着市场环境、技术革新、政策法规以及消费者偏好的不断变化，组织内外部环境处于持续动荡之中。人力资源管理必须展现出高度的动态性，能够迅速识别并响应这些变化。这意味着人力资源策略需要灵活调整，以适应新的市场需求、技术趋势或组织结构变革。例如，面对数字化转型的浪潮，组织可能需要重新设计岗位结构，加强数据分析和人工智能领域的人才引进与培养；同时，通过灵活用工模式（如远程工作、项目制合作）来增强组织的灵活性和响应速度，确保人力资源配置始终与组织战略目标和市场需求保持同步，实现系统的动态平衡。

（五）战略性：融入组织蓝图，驱动长期发展

人力资源管理已从传统的支持性职能转变为组织战略的重要组成部分。它要求人力资源管理者具备前瞻性思维，能够深入理解组织的长期发展目标、市场定位及核心竞争力，从而制定出与组织战略紧密相连的人力资源规划。这包括制定人才发展战略，确保关键岗位上有合适的人才储备；构建高效的组织架构和流程，促进跨部门协作与信息共享；以及通过绩效管理和激励机制，激发员工的积极性和创造力，共同推动组织战略目标的实现。战略性人力资源管理的核心在于通过合理配置和优化人力资源，增强组织的市场竞争力和可持续发展能力。

（六）人文关怀：激发潜能，共筑幸福职场

在追求效率与效益的同时，现代人力资源管理更加注重员工的成长与发展，强调人文关怀。这意味着要关注员工的职业发展规划，提供多样化的培训和学习机会，帮助员工实现个人价值；同时，建立公平、透明的薪酬体系和激励机制，确保员工的努力得到应有的回报。此外，关注员工的身心健康和工作生活平衡，营造积极向上的组织文化氛围，也是人文关怀的重要体现。通过人性化管理，组织能够激发员工的内在潜能，增强团队凝聚力，构建幸福职场，为组织的长远发展奠定坚实的人才基础。

(七) 适应性与创新性：拥抱变化，引领未来

在全球化和数字化的大背景下，人力资源管理必须具备强大的适应性和创新能力。这意味着要紧跟时代步伐，积极拥抱新技术、新思维和新模式，如利用大数据和人工智能技术优化招聘流程、提升人才匹配度；通过社交媒体和在线学习平台拓展人才获取渠道，实现人才资源的全球化配置；以及探索灵活多样的用工模式，满足组织不同发展阶段的需求。同时，鼓励创新思维和跨界合作，推动人力资源管理模式的不断创新，以应对未来可能出现的各种挑战和机遇，从而引领组织走向更加辉煌的明天。

七、人力资源管理在组织中的核心价值

在当今快速变化的商业环境中，人力资源管理已成为组织成功的关键因素之一。它不仅关乎招聘、培训和薪酬福利等基础职能，更是组织战略实施、文化塑造及持续竞争力的核心驱动力。下面旨在探讨人力资源管理在组织中的核心价值及其广泛而深入的应用。

(一) 战略伙伴的角色

人力资源管理部门正逐渐从传统的行政支持角色转变为组织的战略伙伴。通过深入理解业务需求、预测市场趋势，HR 能够协助管理层制定人才战略，确保组织拥有与未来发展相匹配的人才库。这种前瞻性的视角帮助组织在竞争中占据先机，通过精准的人才布局推动业务增长和创新。

(二) 优化人才配置与发展

人力资源管理的核心价值在于优化组织内部的人才配置与发展。通过科学的招聘流程、有效的绩效管理体系和个性化的培训发展计划，HR 能够识别并吸引高潜力人才，同时激发现有员工的潜能，促进个人与组织的共同成长。这种以人为本的管理理念不仅提升了员工满意度和忠诚度，也为组织构建了强大的人才梯队，为长期发展奠定了坚实基础。

(三) 构建与强化组织文化

组织文化是组织的核心价值观和行为准则的体现，而人力资源管理在这一过程中发挥着至关重要的作用。HR 通过制订并实施组织文化传播计划、组织团建活动、强化沟通机制等方式，促进员工对组织文化的认同与践行。一个积极向上、团结协作的组织文化能够激发员工的归属感和创造力，增强组织的凝聚力和外部形象，为组织创造更大的社会价值和经济价值。

(四) 促进组织变革与创新

面对不断变化的外部环境，组织需要不断调整和优化以适应新的挑战和机遇。人力资源管理在这一过程中扮演着催化剂的角色。通过推动组织变革管理、建立灵活的工作制度、鼓励创新思维和实验文化，HR 能够帮助组织打破传统束缚，快速响应市场变化，实现可持续发展。同时，HR 还负责培养员工的创新意识和能力，为组织注入源源不断的创新动力。

(五) 构建和谐劳动关系

构建和谐劳动关系是人力资源管理的重要使命之一。通过建立健全的劳动关系管理制度、加强劳动法律法规的宣传与执行、关注员工心理健康与福利保障等方面的工作，HR 能够有效预防和解决劳动纠纷，维护员工的合法权益和组织的稳定运营。和谐的劳动关系不仅能够提升员工的工作效率和满意度，还能够增强组织的社会责任感和品牌形象。

人力资源管理在组织中的应用价值不可估量。它不仅是组织战略实施的关键环节，也是优化人才配置、构建组织文化、促进变革创新以及构建和谐劳动关系的重要力量。随着时代的发展和组织竞争的加剧，人力资源管理的重要性将更加凸显。因此，组织应高度重视人力资源管理工作，不断提升 HR 的专业能力和服务水平，以更好地应对未来的挑战和机遇。

第三节　工商管理的未来发展方向及管理模式

一、工商管理的未来发展方向

(一) 数字化转型方向

随着科技的迅猛发展，数字化转型成为工商管理的必然趋势。

首先，通过数字化转型，组织能够实现更高效的生产。例如，利用自动化技术和智能设备优化生产流程，提高生产效率和产品质量，减少人工操作失误，降低生产成本。

其次，通过数字化转型，在营销方面会更加精准。借助大数据分析，组织可以深入了解消费者的喜好、购买习惯等信息，从而制定精准的营销策略，精准推送产品或服务，提高营销效果，增强客户满意度和忠诚度。

最后，通过数字化转型，决策速度也会更快。基于实时数据的分析，组织管理者能够迅速做出决策，及时应对市场变化。例如，通过数据挖掘分析市场趋势、竞争对手动态等信息，为组织战略决策提供依据，使组织在市场中占据更有竞争力的位置。

(二) 可持续发展方向

可持续发展已经成为世界各国政府和社会的共同关注点，在工商管理中也占据重要地位。

1. 经济方面

组织要实现长期稳定的经济增长，需要合理规划财务、优化资源配置、提高运营效率等，确保在市场竞争中有足够的盈利能力，同时保持财务的稳健性。

2. 环境方面

强调环境保护和资源节约。组织应进行绿色供应链管理，例如选择环保型的原材料供应商，减少生产过程中的能源消耗和废弃物排放，推行节能减排措施，开展资源回收利用等活动，积极承担环境保护的社会责任，提升组织的社会形象。

3. 社会方面

注重社会责任的履行。组织可以参与社会公益项目，如教育扶贫、社区建设、灾害救助等，通过这些活动提高组织的社会认可度，赢得消费者和投资者的信任，从而实现经济、环境和社会三个方面的平衡发展。

（三）创新管理方向

创新是推动工商管理发展的重要动力。

1. 组织结构创新

组织可能会打破传统的层级结构，向扁平化、网络化结构转变。这样可以减少信息传递的层级，提高沟通效率，增强组织的灵活性和应变能力，使组织能够快速响应市场变化。

2. 流程优化创新

对组织内部的业务流程进行重新审视和优化。例如，去除烦琐的手续和不必要的环节，采用先进的信息技术实现业务流程的自动化和智能化，提高工作效率和质量。

3. 团队合作创新

鼓励跨部门、跨领域的团队合作。不同专业背景和技能的人员组成团队可以带来更多元的思维和创意，促进知识共享和创新能力的提升，激发员工的创造力和工作热情，提高员工的工作满意度和绩效。

（四）人文关怀方向

在以数字化为主导的未来，人文关怀不可或缺。

1. 组织文化建设

建立积极向上、富有特色的组织文化。组织文化是组织价值观的体现，积极的组织文化能够增强员工的归属感和认同感，例如营造创新、合作、包容的文化氛围，让员工在工作中感受到尊重和价值，提高员工的忠诚度和积极性。

2. 员工关系管理

注重与员工建立正面的关系。组织要关心员工的职业发展、工作压力、生活需求等方面，提供良好的工作环境、培训机会和福利待遇。通过有效

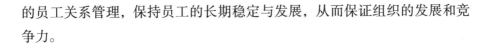

的员工关系管理，保持员工的长期稳定与发展，从而保证组织的发展和竞争力。

（五）多元化管理模式方向

建立科学有效的多元化管理模式有助于提高组织竞争力。

1. 人力资源管理强化

倡导全员参与，重视员工能力培养并进行有效激励。例如，制订个性化的培训计划提升员工技能，建立公平合理的绩效考核和薪酬激励体系，激发员工的工作潜能。

2. 现代化管理手段引进

引入如 CRM（客户关系管理系统）等现代化管理工具，完善营销管理、财务管理、生产管理、分析管理等多个方面。这些工具可以帮助组织更好地管理客户关系、优化财务管理、提高生产效率和进行科学决策分析等。

3. 组织信息化推动

实行电子化、自动化和现代化管理。利用信息技术实现组织内部管理流程的自动化，提高办公效率，加强信息共享和沟通，提升组织的整体管理水平。

（六）强化行业监管方向

强化行业监管方向有助于规范市场秩序。

1. 完善行业管理规范

制定相关的流程、标准等。明确的行业规范和标准可以使组织在经营过程中有章可循，有助于提高组织管理效能和服务质量，保障市场的公平竞争环境。

2. 创新监管方式

通过信息化手段提高监管效能，加强对组织不良操作行为的打击力度。例如，利用大数据技术对组织的经营行为进行实时监测，及时发现和处理违规行为，维护市场秩序。

3. 注重行业自律建设

加强行业组织的建设和管理，实行行业操作等行为的内部监管。行业组织可以通过制定行业自律公约、开展行业内部监督检查等方式，促进组织的规范经营，提高行业的整体形象和信誉。

（七）完善法律制度方向

完善的法律制度为组织提供保障。

1. 科学立法

制定更为科学、先进的工商组织管理法，覆盖范围更广且规定更明确。确保组织在经营管理过程中的各项活动都有法可依，保障组织的合法权益，同时规范组织的经营行为。

2. 加强立法可行性与执行力

加强立法科学性与实施时的可行性，采取有效措施加强执行力。避免出现法律法规在实际执行过程中难以落实的情况，提高法律制度的权威性和有效性。

3. 建立法律援助体系

建立科学有效的法律援助体系，为组织提供全方位保障。当组织遇到法律问题时，可以及时获得专业的法律援助，降低组织的法律风险。

（八）加强政策引导方向

加强政策引导方向能够支持组织发展。

1. 支持中小组织发展

制定支持中小组织发展的政策和规定，在流动资金支持等方面提供帮助。中小组织在发展过程中往往面临资金短缺等困难，政府的政策支持可以缓解这些问题，促进中小组织的健康成长。

2. 扶持组织科研与创新

加大对组织科研、创新等方面的扶持力度，在技术创新和人才引进等方面给予优惠政策。鼓励组织进行科技创新，提高组织的核心竞争力，推动产业升级和经济发展方式的转变。

3. 营造公平竞争的环境

营造公平竞争的环境，严厉打击流氓势力、黑恶势力，维护工商行业生态环境。公平的竞争环境有利于组织的健康发展，保障市场机制的正常运行。

二、工商管理的未来管理模式

(一) 平级、网络化管理

在 21 世纪的全球化与数字化浪潮中，组织面临的竞争环境日益复杂多变，传统的以等级制度为核心的工商管理模式正逐步向更加灵活、高效的平级与网络化管理模式转型。这一转变不仅是对传统管理模式的挑战，更是组织适应未来市场、提升核心竞争力的必然选择。

1. 平级管理的崛起：打破壁垒，激发团队潜能

平级管理模式的兴起是对传统垂直管理结构的一次深刻变革。它强调组织内部各层级之间的平等对话与协作，打破了传统金字塔式结构中信息传递的壁垒，使决策更加民主化、透明化。在这种模式下，团队成员不再仅仅是执行者，而是成为决策过程的重要参与者，他们的专业见解和创新思维得以充分展现，从而极大地激发团队的创造力和潜能。

平级管理还促进了跨部门、跨职能的紧密合作。通过构建无界限的工作环境，不同领域的专家能够围绕共同目标快速组建项目团队，实现资源的优化配置和高效利用。这种灵活的组织形式，不仅提高了问题解决的速度和质量，还增强了组织的适应性和创新能力。

2. 网络化管理的兴起：信息共享，快速响应

网络化管理是平级管理理念在信息技术支持下的进一步深化。它利用互联网、大数据、云计算等先进技术，构建了一个覆盖组织内外、横跨多个部门和地区的广泛工作网络。在这个网络中，信息得以实时共享，资源得到高效整合，使得组织能够迅速捕捉市场变化，做出精准决策。

网络化管理模式下，组织可以更加灵活地调整组织架构和业务流程，以适应市场的快速变化。通过构建云端协作平台，员工可以随时随地接入工作系统，实现远程办公和无缝协作。这种高度灵活的工作方式，不仅降低了组织的运营成本，还提高了员工的工作效率和满意度。

3. 平级与网络化管理的优势与挑战

(1) 优势

第一，提升决策效率。平级与网络化管理模式促进了信息的快速流通

和共享，使得决策更加及时、准确。

第二，增强团队凝聚力。通过平等对话和紧密合作，团队成员之间的信任和默契得以加深，团队凝聚力显著增强。

第三，提高创新能力。鼓励员工参与决策和创新活动，激发了组织的创新活力，促进了产品和服务的持续优化。

第四，降低成本，提高效率。网络化管理减少了物理空间的限制，降低了运营成本，同时提高了工作效率和灵活性。

（2）挑战

第一，文化转型难度。从等级制度向平级、网络化管理的转变需要组织文化的深刻变革，这一过程可能面临较大的阻力和挑战。

第二，信息管理难度增加。随着信息量的爆炸式增长，如何有效管理和利用这些信息成为组织面临的一大难题。

第三，技能需求提升。平级与网络化管理模式对员工的专业技能和协作能力提出了更高的要求，组织需要加强员工培训和发展。

（二）弹性组织与灵活岗位

在当今这个日新月异的商业环境中，传统的工商管理模式正面临着前所未有的挑战。市场需求的瞬息万变、技术创新的不断加速以及全球竞争的日益激烈，都要求组织必须具备高度的灵活性和快速的响应能力。因此，构建弹性组织与设置灵活岗位成为未来工商管理模式的两大核心要素，它们共同推动组织向更加高效、灵活和可持续的方向发展。

1. 弹性组织：构建动态适应力的基石

（1）打破传统界限，促进跨部门协作

传统组织结构往往以明确的层级和固定的部门划分为特征，这种结构在一定程度上限制了信息的流通和资源的共享。而弹性组织则强调打破这些界限，鼓励跨部门、跨职能的团队合作。通过扁平化的管理结构、项目制的工作方式以及灵活的沟通机制，组织能够更快地响应市场变化，实现资源的优化配置和高效利用。

（2）强调动态调整，提升组织韧性

市场环境的不确定性要求组织必须具备强大的适应能力。弹性组织通

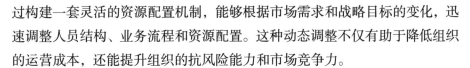

过构建一套灵活的资源配置机制,能够根据市场需求和战略目标的变化,迅速调整人员结构、业务流程和资源配置。这种动态调整不仅有助于降低组织的运营成本,还能提升组织的抗风险能力和市场竞争力。

(3)激发员工潜能,促进创新发展

弹性组织注重员工的个人成长和职业发展,通过提供多样化的工作任务和灵活的工作安排,激发员工的创造力和积极性。在这种环境中,员工有更多的机会尝试新事物、挑战自我,从而推动组织的持续创新和发展。

2. 灵活岗位:塑造高效运营的引擎

(1)岗位职能的动态调整

随着市场环境和业务需求的不断变化,灵活岗位的设置显得尤为重要。组织可以根据项目需求、市场趋势和技术发展等因素灵活调整岗位职能和职责范围。这种动态调整不仅有助于提升员工的工作满意度和忠诚度,还能确保组织始终保持与市场的紧密连接。

(2)强化员工技能的多样性

在灵活岗位模式下,员工需要具备跨领域的技能和能力,以适应不同的工作任务的要求。因此,组织应加强对员工的培训和发展投入,提升员工的综合素质和专业技能。同时,通过内部轮岗、跨部门合作等方式,促进员工之间的知识共享和经验交流,进一步增强组织的整体竞争力。

(3)提升组织运营效率

灵活岗位的设置有助于组织实现人力资源的灵活配置和高效利用。当某个项目或任务需要增加人手时,组织可以迅速从内部调配合适的员工;而当项目结束后,这些员工又可以迅速转移到其他需要支持的领域。这种灵活性不仅降低了组织的招聘成本和培训成本,还提高了组织的运营效率和响应速度。

(三)创新驱动:管理思维的根本转变

未来的工商管理将更加注重创新思维的培养与实践。传统的管理理论虽仍具价值,但已难以满足快速变化的市场需求。组织需要构建一种鼓励创新的文化氛围,通过跨界合作、开放式创新等方式,不断挖掘新的商业模式、产品和服务。同时,领导者应具备前瞻性思维,能够预见未来趋势,引领组织走在行业前列。这种管理思维的转变将促使组织从被动适应市场到主动创造市场，实现可持续发展。

（四）数字化转型：重塑管理流程与决策方式

数字化已成为不可逆转的趋势，它正在深刻改变着工商管理的每一个角落。通过大数据、云计算、人工智能等技术的应用，组织可以实现管理流程的自动化、智能化，提高运营效率，降低成本。在决策层面，数据驱动的决策支持系统将成为主流，帮助组织基于实时、全面的信息做出更加精准、快速的决策。此外，数字化还促进了组织与消费者之间的直接互动，使得组织能够更准确地把握市场需求，实现个性化定制和精准营销。

（五）可持续发展：组织社会责任的新高度

随着全球对环境保护和社会责任的重视，未来的工商管理将更加注重组织的可持续发展。这不仅意味着组织要在经济效益上取得成功，还要在环境保护、社会公益等方面承担更多责任。组织需将可持续发展理念融入战略规划、产品设计、生产制造、供应链管理等各个环节，通过绿色生产、节能减排、循环经济等措施减少对环境的影响。同时，积极参与社会公益活动，提升品牌形象，增强社会认同感，实现经济效益与社会效益的双赢。

（六）人才管理：构建多元化与包容性的团队

未来的工商管理还需要关注人才管理的创新。面对快速变化的市场环境，组织需要构建一支多元化、高素质、具有创新能力的团队。这意味着组织需打破传统的人才选拔标准，注重员工的潜力和创新思维，同时积极吸纳不同背景、不同文化的人才，促进团队的多元化发展。此外，组织还需建立更加灵活、包容的工作环境，鼓励员工表达意见、分享知识，共同推动组织的创新发展。

第六章 工商管理实践应用探索

第一节 工商管理的现状及改进策略

一、工商管理的现状

(一) 优势方面

1. 工商管理水平提升

全球经济一体化下，市场竞争激烈，组织高层管理应创新管理模式，招聘专业人才进行内部战略规划，如职业经理人，他们凭借自身知识和能力对组织进行整体规划，提升了组织工商管理水平。

2. 管理模式的飞跃

随着高科技发展，组织为解决经营管理漏洞 (如存货堆积、效益下降等问题)，借鉴国外经验结合自身优势构建信息化管理模式。这一模式有助于管理人员整合资源，协调各方关系，实现线上线下一体化，达成经营管理数据融合，降低成本并提升组织价值。

(二) 存在问题方面

1. 市场调研不足

在竞争压力大的当下，组织若未详细调查市场需求就生产产品，容易导致产品堆积，质量与需求不符，造成资金无法回笼的结果甚至恶性循环。并且市场调研不足还会使产品缺乏创新性，销售渠道受阻，造成经济损失。

2. 目标不够明确

很多组织在经营中只追求短期经济利益，忽视组织文化，缺乏科学合理的管理目标。在经济社会转型期，组织不仅要考虑自身利益，还要兼顾社会公众利益。

3. 管理模式待提升

随着我国经济体制的完善，组织管理人员意识到地域性发展存在劣势，目前组织生产的产品难以满足公众需求，未紧跟时代发展，也未达到国际化标准，管理模式需要调整以实现长久发展。

4. 品牌价值未形成

市场经济变化下，组织间原有的约束作用减弱，产品生产无地域差异，组织产品急需改革创新，还未形成品牌价值。

5. 目标模糊

部分组织追求眼前利益，忽视组织文化传播和管理目标的重要性，缺乏社会责任，甚至有违背国家法律的生产行为。

6. 管理体系滞后

组织转型时，管理体制落后制约发展。相关制度未建立，工作难以有序开展，影响生产进度。且传统管理模式下，照搬他人先进方法不懂变通创新，不利于有效管理。

7. 经营模式落后

组织采用传统经营模式，未结合市场和自身状况，内部各部门各自为政。如生产部门不注重产品质量保证且与市场部门缺乏沟通，导致产品堆积；市场部门若不掌握市场真实情况，会使产品销量降低造成经济亏损。

二、工商管理的改进策略

(一) 强化内部管理：构建高效运营体系

1. 完善组织架构与职责划分

首先，组织应审视并优化组织架构，确保各部门间职责明确、沟通顺畅。通过合理的岗位设置和职责划分，减少职能重叠，提高工作效率。同时，建立跨部门协作机制，促进信息共享与资源整合，形成合力。

2. 引入先进的管理工具与技术

利用 ERP (组织资源计划)、CRM (客户关系管理) 等信息化系统，实现业务流程的数字化、自动化管理，提升管理效率与决策支持能力。通过大数

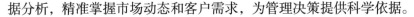

据分析，精准掌握市场动态和客户需求，为管理决策提供科学依据。

3. 加强内部控制与风险管理

建立健全内部控制体系，包括财务控制、合规管理、风险管理等方面，确保组织运营规范、资产安全。定期开展风险评估与内部审计，及时发现并纠正潜在的问题，防患于未然。

(二) 提升市场营销能力: 精准定位, 创新驱动

1. 市场细分与精准营销

通过深入的市场调研，细分目标客户群体，了解他们的需求、偏好及购买行为。基于数据分析，制定个性化的营销策略，实现精准推送，提高营销效果与转化率。

2. 品牌建设与传播

加强品牌塑造，明确品牌定位与核心价值观，通过多渠道、多形式的宣传手段提升品牌知名度和美誉度。利用社交媒体、内容营销等新兴方式，增强与消费者的互动与黏性。

3. 创新营销手段与渠道

积极探索新的营销手段，如直播带货、短视频营销、KOL 合作等，利用互联网平台的流量优势，拓宽营销渠道。同时，注重线上线下融合，打造全渠道销售体系，提升客户体验。

(三) 创新管理模式: 灵活应变, 持续进化

1. 推行扁平化管理

减少管理层级，实行扁平化管理，加快决策速度，提高组织灵活性。鼓励员工参与决策过程，增强团队凝聚力与创新能力。

2. 建立学习型组织

营造浓厚的学习氛围，鼓励员工持续学习新知识、新技能。通过内部培训、外部交流等方式提升团队整体素质与专业能力。同时，建立知识管理体系，促进知识共享与传承。

3. 实施灵活多变的策略

面对复杂多变的市场环境，组织需保持敏锐的市场洞察力，灵活调整

战略方向与管理策略。通过快速试错、迭代优化的方式，不断适应市场变化，保持竞争优势。

总之，工商管理的改进是一个系统工程，需要从内部管理、市场营销能力、管理模式等多个维度入手。通过强化内部管理，构建高效运营体系；提升市场营销能力，实现精准定位与创新驱动；创新管理模式，灵活应对市场变化，组织才能在激烈的市场竞争中立于不败之地

第二节　工商管理与服务质量提升的实践路径

一、工商管理的作用和挑战

工商管理在维护市场经济秩序、促进组织发展等方面发挥着重要作用。然而，面对日新月异的经济发展态势，我国工商管理在多方面还存在一些挑战。

(一) 服务流程复杂

尽管我国工商管理工作取得了显著成效，但服务质量与群众需求和社会发展要求之间仍存在差距。过多的行政审批行为及市场干预不仅降低了服务便捷性，还在市场活力和创新能力方面产生负面影响。

(二) 管理体制不完善

工商管理对经济发展起着关键性作用，但在实际工作中，各个业务部门各自为政的状态容易导致地方保护主义的出现，阻碍市场经济体制的建立与完善，进而降低工商管理的有效性。

(三) 综合型人才缺乏

虽然每年有大量工商管理人才输出，但是符合实际岗位要求的应用型人才仍无法满足市场需求。新型工商管理人才培养所需的课程体系和实践教学方法仍有待改进。

(四) 执法有效性低

工商管理部门在执法过程中可能遇到阻碍，执法力度下降、执法手段弱化。法律制度上的权责界定模糊，以及地域行政划分带来的地方保护主义都增加了工商管理部门的执法难度。

(五) 内部控制管理不完善

工商管理部门的内部审计机制不健全，缺乏独立的审计机构，管理、会计控制等审计不够规范及严格，难以展开独立且有效的经济监督活动。

(六) 信息化建设不均衡

尽管信息技术已渗透到各行各业，但工商管理信息化监管难以有效推行。体制内固有的官本位思想未完全消除，导致各级管理部门易出现混乱、散漫现象。

二、提升工商管理服务质量的对策

针对当前的挑战，我们可以从以下几个方面入手，逐步完善工商管理工作，以最大限度地发挥其积极作用。

(一) 明确服务战略定位

组织需基于市场分析和顾客需求调研，明确自身的服务战略定位。这包括确定服务的核心竞争力、目标客户群体以及差异化服务策略。工商管理中的战略管理理论强调，组织需根据外部环境的变化和内部资源的优势，制定长远的发展规划。在服务领域，这意味着要深入理解顾客需求，设计出符合市场期望且具有竞争力的服务方案。

(二) 优化服务流程与标准

服务质量的提升离不开对服务流程的持续优化和标准化管理。工商管理中的流程管理理论指出，通过识别、测量、分析、改进和控制服务过程中的各个环节，可以显著提高服务效率和顾客满意度。组织应建立标准化的服务流程,确保每位员工都能按照既定标准提供服务,减少服务差异性和失误率。同时,利用信息技术手段如 CRM 系统、大数据分析等,对服务流程进行智能化改造,进一步提升服务效率和精准度。

(三) 强化员工培训与激励

员工是组织服务质量的直接传递者,其专业技能和服务态度对顾客体验有着至关重要的影响。工商管理强调人力资源管理的重要性,组织应通过系统的培训计划提升员工的专业技能和服务意识,使其能够更好地理解顾客需求并提供高质量的服务。此外,建立有效的激励机制,如绩效奖励、晋升机会等,可以激发员工的工作积极性和创造力,促进服务质量的持续提升。

(四) 建立顾客反馈机制

顾客反馈是评估服务质量、发现服务问题的重要来源。组织应建立健全的顾客反馈机制,包括设立投诉渠道、开展顾客满意度调查、进行服务回访等,及时收集并分析顾客意见和建议。工商管理中的质量管理理论强调持续改进,组织应根据顾客反馈不断调整服务策略、优化服务流程、提升服务质量,形成闭环管理的良性循环。

(五) 培育服务文化

服务文化是组织内部形成的一种共同价值观和行为准则,它对于提升服务质量具有深远的影响。组织应积极培育以服务为核心的组织文化,倡导"顾客至上"的服务理念,鼓励员工主动关注顾客需求、积极解决顾客问题。通过内部宣传、表彰优秀服务案例等方式,强化员工的服务意识和团队精神,使服务成为组织的核心竞争力之一。

(六) 优化工商管理服务模式,营造创新创业良好环境

1.减少政府干预,简化行政审批

为激发市场活力,应持续推进"放管服"改革,大幅度减少政府对市场的直接干预,让市场在资源配置中发挥决定性作用。通过精简行政审批事项,优化审批流程,实现"一网通办""最多跑一次"等便利化服务,降低组

织进入市场的门槛和成本，为创新创业者营造更加宽松、高效的营商环境。

2. 深化服务理念，提升顾客满意度

工商管理服务应树立以"顾客"（组织、个体工商户等市场主体）为中心的服务理念，将提升服务质量和效率作为核心目标。通过建立健全服务评价机制，定期收集并响应市场主体需求，不断优化服务内容和方式，确保服务过程透明、公正、高效，真正实现"顾客满意"。

（七）完善工商管理体制，适应经济发展新趋势

1. 打破壁垒，构建联通管理机制

面对市场主体多元化的新趋势，工商管理体制需打破部门间、地区间的壁垒，构建跨部门、跨区域的协同管理机制。通过信息共享、资源整合、联合执法等手段，实现管理流程的无缝衔接，提高管理效率，减少重复劳动，为市场主体提供更加统一、规范、高效的服务。

2. 创新监管方式，强化事中事后监管

在简化事前审批的同时，应加强对市场主体的事中事后监管，利用大数据、云计算等现代信息技术手段构建智能化监管体系。通过实时监测、风险预警、精准执法等措施，确保市场秩序稳定，保护消费者权益，为公平竞争创造良好条件。

（八）加强综合型人才培养，支撑高质量发展

1. 更新课程体系，强化实践教学

高校作为工商管理人才培养的主阵地，应紧跟时代步伐，及时更新课程体系，融入创新创业、数字经济、国际化等前沿内容。同时，加强实践教学环节，通过模拟实训、校企合作、案例分析等方式，提升学生的实际操作能力和问题解决能力。

2. 提升师资水平，匹配培养要求

师资队伍是保障教学质量的关键。高校应加大对工商管理教师的培训和引进力度，鼓励教师参与组织实践、国际交流等活动，提升教师的专业素养和实践经验。同时，建立灵活的教师评价机制，激励教师不断创新教学方法和手段，以适应新型工商管理人才培养的需求。

3. 综合素养提升，培养复合型人才

在知识爆炸的时代，单一技能已难以满足市场需求。因此，工商管理教育应注重培养学生的综合素养，包括沟通能力、团队协作能力、跨文化交流能力等。通过开设跨学科课程、组织社团活动、参与社会实践等方式，全面提升学生的综合素质，为其成为未来社会所需的复合型人才奠定坚实的基础。

(九) 提高执法有效性，强化法律制度的权责界定

1. 明确法律制度上的权责界定

组织要深化对现行工商管理法律法规的研究与修订，确保各项条款清晰、具体，能够准确界定市场主体的权利与义务，以及工商管理部门的执法权限与责任。通过立法手段，明确界定违法违规行为的具体情形及相应的处罚措施，为执法提供坚实的法律基础。

2. 严厉打击市场中的违法违规行为

加强执法力度，对市场中存在的假冒伪劣、不正当竞争、虚假宣传等违法违规行为进行严厉打击，形成有效的震慑力。同时，建立健全跨部门协作机制，实现信息共享与联合执法，提升执法效率和覆盖面。

3. 打破地方保护主义，实现市场统一协调

积极推动市场一体化进程，打破地域行政划分带来的壁垒，消除地方保护主义现象。通过完善市场准入制度，建立公平竞争的市场环境，确保各类市场主体能够在同一规则下平等竞争，促进资源的优化配置和市场的繁荣发展。

(十) 完善内部控制管理，强化经济监督

1. 建立健全内部审计机制

在工商管理机构内部，应设立独立的审计机构，负责对各项经济活动进行独立、客观、公正的审计。通过建立健全内部审计制度，明确审计范围、程序和标准，确保审计工作的规范性和有效性。

2. 严格管理会计控制等审计活动

加强对会计控制等关键环节的审计监督，确保财务信息的真实性和完整性。通过定期或不定期的审计检查，及时发现和纠正财务管理中的漏洞和

问题，以防范经济风险的发生。

3. 开展独立且有效的经济监督活动

鼓励和支持社会公众、媒体等第三方力量参与工商管理的经济监督活动，形成多元共治的良好局面。通过公开透明的监督机制，增强市场主体的自我约束能力，提升工商管理服务的公信力和满意度。

（十一）推进信息化建设，提升工作效率

1. 紧密结合实际需求，推进工商管理信息化

充分利用现代信息技术手段，如大数据、云计算、人工智能等，推动工商管理的信息化建设。通过构建高效的信息管理系统，实现市场信息的快速收集、处理和分析，为决策提供有力支持。

2. 消除体制内的官本位思想

在推进信息化建设的过程中，要注重消除体制内的官本位思想，树立以人民为中心的服务理念。通过优化工作流程、简化审批程序、提高服务质量等措施，提升工商管理部门的工作效率和服务水平。

3. 实现高效工作的初衷

信息化建设的最终目的是实现工商管理工作的高效化、智能化和便捷化。因此，在推进信息化建设的过程中，要注重实效性和可操作性，确保各项信息化措施能够真正落地生根、开花结果。同时，要加强对信息化人才的培养和引进工作，为工商管理的信息化建设提供有力的人才保障。

通过上述实践路径的实施，可以有效地提升工商管理的服务质量，进而推动市场经济的发展。

第三节　工商管理工作方法的创新路径

工商管理工作方法的创新路径在经济新常态背景下显得尤为重要。组织为了适应快速变化的市场环境，需要在管理思维、技术应用、组织架构、创新能力以及品牌建设等方面进行不断的探索与实践。下面从这几个方面详细阐述：

一、转变思维方式，打破传统束缚

(一)认识思维转变的重要性

组织必须深刻认识到思维转变是工商管理创新的前提和基础。传统的管理思维往往侧重于经验积累、流程固化，这在一定程度上限制了组织的灵活性和创新性。而现代组织管理则要求管理者具备开放的心态、前瞻的视野和创新的勇气，能够敏锐捕捉市场变化，快速响应客户需求，通过不断试错与迭代来优化管理策略。

(二)打破传统束缚，探索创新路径

1. 以客户为中心

传统的工商管理往往以产品或服务为中心，而现代工商管理则强调"以客户为中心"的理念。这意味着组织需要从客户的角度出发，深入理解其需求和痛点，通过提供个性化、差异化的产品和服务来增强客户黏性。在此基础上，构建完善的客户反馈机制，及时调整经营策略，实现与客户的共赢。

2. 数字化转型

数字化技术正深刻地改变着商业世界的运作方式。工商管理应积极拥抱数字化，利用大数据、云计算、人工智能等先进技术优化管理流程，提升决策效率。通过数据驱动的管理决策，组织能够更精准地把握市场趋势，优化资源配置，降低运营成本，提高竞争力。

3. 强化跨部门协作

传统的组织架构往往导致部门间壁垒森严，信息流通不畅。为了打破这一束缚，工商管理应推动构建扁平化、网络化的组织结构，强化跨部门、跨职能的协作与沟通。通过建立共享平台、促进知识交流，激发团队的创新活力，形成合力，推动组织向前发展。

4. 培养创新思维文化

创新不是一蹴而就的，它需要一种持续的文化氛围来滋养。工商管理应致力于构建一种鼓励创新、容忍失败的文化环境，让每一个员工都能敢于尝试、勇于探索。通过设立创新基金、举办创意大赛等方式，激发员工的创

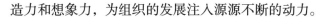

造力和想象力，为组织的发展注入源源不断的动力。

5. 持续学习与自我迭代

在快速变化的市场环境中，工商管理必须保持学习的热情和能力，不断吸收新知识、新技术和新理念。同时，要勇于自我迭代，敢于否定过去，勇于挑战现状。通过持续的学习与反思，不断优化管理策略和方法，确保组织始终走在行业前沿。

二、引进新技术，提高管理效率

(一) 数字化转型：构建智慧管理体系

数字化转型是工商管理创新的首要任务。通过大数据、云计算、人工智能等先进技术的融合应用，组织可以构建智慧管理体系，实现数据的实时采集、分析与决策支持。例如：利用大数据分析工具，组织能够深入挖掘市场趋势、客户行为等数据，为产品优化、市场策略调整提供科学依据；而云计算技术则能为组织提供弹性可扩展的计算资源和存储能力，支持业务的快速增长；人工智能则可以自动化处理重复性高、复杂度低的任务，如财务审核、客户服务等，大幅提升工作效率。

(二) 智能决策支持系统：提升决策精准度

传统的决策过程往往依赖于经验和直觉，而智能决策支持系统则能够通过机器学习算法，对海量数据进行深度分析，为管理者提供多维度、全方位的决策依据。该系统能够识别潜在的市场机会与风险，预测未来发展趋势，帮助组织在复杂多变的市场环境中做出更加精准、及时的决策。此外，智能决策支持系统还能通过模拟不同决策场景，评估决策效果，降低决策失误的风险。

(三) 移动办公与远程协作：打破空间限制

移动互联网技术的普及使得移动办公与远程协作成为可能。通过移动办公平台，员工可以随时随地接入公司系统，处理工作任务，参与会议讨论，极大地提高了工作效率和灵活性。同时，远程协作工具如视频会议、在线文档编辑等，打破了地理位置的限制，促进了团队成员之间的无缝沟通与协作，加速了问题解决的速度，提升了整体工作效率。

（四）自动化与机器人流程自动化（RPA）

自动化技术的应用，特别是机器人流程自动化（RPA），能够显著减少人工操作，降低错误率，提升业务处理速度。RPA技术可以模拟人类操作，自动执行重复性高、规则明确的业务流程，如财务报表生成、订单处理、数据录入等。通过RPA，组织可以释放人力资源，使其专注于更具创造性和战略性的工作，从而提升整体管理效能。

（五）区块链技术：增强信任与透明度

区块链技术的引入为工商管理带来了新的可能。区块链以其去中心化、不可篡改的特性，为供应链管理、合同执行、知识产权保护等领域提供了高效、安全的解决方案。通过区块链，组织可以建立更加透明、可信的业务环境，降低交易成本，提升合作效率。同时，区块链还能帮助组织有效打击假冒伪劣产品，保护消费者权益，增强品牌形象。

三、改革组织架构，提升协同效应

（一）改革组织架构：构建灵活高效的管理体系

1. 扁平化管理

传统的层级式组织架构往往导致决策效率低下、信息传递失真。通过实施扁平化管理，减少管理层级，增加管理幅度，可以加速决策过程，提高市场响应速度。扁平化结构鼓励员工参与决策，增强团队协作能力，促进创新思维的涌现。

2. 模块化与灵活团队

根据业务需求和项目特点，建立模块化组织结构和灵活多变的团队配置。这种方式允许组织快速调整资源配置，灵活应对市场变化。模块化组织还能促进专业技能的集中与共享，提升整体工作效率。

3. 数字化转型

利用云计算、大数据、人工智能等现代信息技术，重构组织架构，实现管理的数字化、智能化。通过建立数字化管理平台，优化流程，提升数据处理能力，使管理层能够实时掌握运营状况，从而做出更加精准的战略决策。

(二)提升协同效应：增强组织内部与外部的协作能力

1. 强化跨部门沟通与合作

建立有效的跨部门沟通机制，打破部门壁垒，促进信息共享与资源整合。通过定期召开跨部门会议、设立联合项目组等方式，加强部门间的协同作战能力，共同解决复杂问题，提升整体绩效。

2. 构建利益共同体

通过股权激励、绩效挂钩等激励机制，将员工利益与组织目标紧密结合，形成利益共同体。这不仅能激发员工的积极性和创造力，还能增强团队凝聚力，促进内部协同效应的发挥。

3. 加强供应链协同

在全球化背景下，组织的竞争已转变为供应链之间的竞争。加强与供应商、分销商、客户等上下游伙伴的协同合作，建立紧密的供应链关系，可以实现资源共享、风险共担，从而提升整个供应链的竞争力。

四、加强创新能力培养，不断创新产品和服务

(一)内部培训与外部合作：构建创新生态系统

1. 加强内部培训，激发员工创新思维

组织创新能力的核心在于人才。为了激发员工的创新思维和潜能，组织应建立系统的内部培训体系。这包括但不限于创新思维培训、行业前沿知识分享、案例分析研讨等，旨在提升员工的创新意识、问题解决能力和团队协作能力。同时，鼓励跨部门交流与合作，打破传统职能壁垒，促进知识、经验和灵感的碰撞融合，为新产品和服务的诞生提供肥沃土壤。

2. 强化外部合作，拓宽创新视野

在全球化背景下，任何组织的创新都不应该是孤立的。组织应积极寻

求与高校、研究机构、行业伙伴乃至竞争对手的合作机会，通过产学研结合、技术共享、联合研发等方式，引入外部智力资源，拓宽创新视野。外部合作不仅能加速技术创新和产品迭代，还能帮助组织及时了解市场动态和消费者需求，从而为产品和服务的精准定位提供有力支持。

(二) 持续创新产品和服务：以用户为中心，引领市场潮流

1. 创新产品，满足多元化需求

以平安保险推出的车险分级定价和公益保险为例，这些创新产品不仅体现了组织对市场细分的精准把握，也展现了其在产品设计上的创新思维。组织应当持续关注消费者需求的变化，通过大数据分析、市场调研等手段，洞察消费者未被满足的痛点，进而开发出更具差异化竞争力的新产品。同时，注重产品的环保性、可持续性，积极响应社会责任，提升品牌形象。

2. 优化服务，提升用户体验

在数字化时代，便捷、高效、个性化的服务体验成为吸引和留住客户的关键。组织应充分利用线上平台和移动 App 等数字化工具，优化服务流程，提升服务效率。例如，通过 AI 客服、智能推荐系统等技术手段，实现 24 小时不间断服务，为用户提供更加便捷、个性化的服务体验。同时，注重用户反馈的收集与分析，及时调整服务策略，不断提升用户满意度和忠诚度。

五、注重品牌建设，提高市场竞争力

(一) 品牌建设：组织竞争力的基石

品牌建设是组织形象塑造和市场定位的核心。一个强大的品牌不仅能够提升产品的附加值，还能增强消费者的忠诚度，形成品牌溢价效应。在消费者心中，品牌往往代表着品质保证、服务承诺和文化认同，是组织与竞争对手区分开来的重要标志。因此，加强品牌建设是组织提升市场竞争力的首要任务。

(二) 工商管理工作方法的创新路径

1. 强化品牌战略规划

组织应将品牌建设纳入整体战略规划之中，明确品牌愿景、使命和核

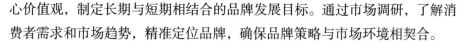

心价值观，制定长期与短期相结合的品牌发展目标。通过市场调研，了解消费者需求和市场趋势，精准定位品牌，确保品牌策略与市场环境相契合。

2. 提升品牌创新能力

创新是品牌保持活力和竞争力的源泉。组织应加大研发投入，不断推出具有自主知识产权的新产品、新技术或服务，以满足消费者日益多元化的需求。同时，注重品牌传播方式的创新，利用新媒体、社交媒体等渠道，以更加生动的方式与消费者建立联系，增强品牌记忆点。

3. 构建全方位的品牌管理体系

建立健全的品牌管理体系，包括品牌识别系统（BIS）、品牌传播策略、品牌危机管理等。通过统一的品牌形象设计确保品牌在各个触点上的一致性；制定有效的品牌传播策略，提高品牌知名度和美誉度；建立品牌危机应对机制，及时妥善处理品牌危机，维护品牌形象。

4. 深化客户关系管理

客户关系管理是品牌建设的重要环节。组织应通过 CRM 系统等工具，收集并分析客户数据，深入了解客户需求和偏好，提供个性化、差异化的服务体验。同时，建立高效的客户反馈机制，及时响应客户需求，不断优化产品和服务，提升客户满意度和忠诚度。

5. 加强品牌国际化布局

随着全球化的深入发展，品牌国际化已成为组织提升竞争力的必由之路。组织应积极开拓国际市场，通过参加国际展会、建立海外分支机构等方式，提升品牌在国际市场的影响力和竞争力。同时，注重跨文化交流，尊重并融入当地文化，实现品牌的本土化传播。

品牌建设是组织提升市场竞争力的核心策略之一。通过创新工商管理工作方法，强化品牌战略规划、提升品牌创新能力、构建全方位的品牌管理体系、深化客户关系管理以及加强品牌国际化布局，组织可以打造出具有强大市场竞争力的品牌，实现可持续发展。在未来的市场竞争中，只有那些能够不断创新、持续强化品牌建设的组织，才能赢得消费者的信赖和市场的认可。

第七章　产业结构与产业发展

第一节　产业结构演变的趋势

一、产业结构的概念

产业是社会生产力发展到一定阶段的产物。在工业革命前，产业主要指农业。

工业革命后，产业的概念拓展到制造业，并逐渐被工业主导。二战以后，随着经济突飞猛进的发展，尤其是第三次信息科技革命的展开，产业的范围逐渐拓展，各种服务类行业不断出现，由此形成三次产业的分布格局，而每一种产业类型都具有类似的经济属性。

根据国家质检总局等部门发布的《国民经济行业分类》和国家统计局依据该标准发布的三次产业划分规定，我国第一、第二、第三产业现行分类为：

第一产业：农林牧渔。

第二产业：采矿业、制造业、燃气、水生产和供应、热力、建筑业及电力。

第三产业：交通运输、修理和其他服务业，房地产业，国际组织，批发和零售业，居民服务、科学研究和技术服务业，水利、教育，信息传输、金融业，制造业中的金属制品，农、林、牧、渔服务业，文化、体育和娱乐业，公共管理、社会保障和社会组织，软件和信息技术服务业，卫生和社会工作，仓储和邮政业，租赁和商务服务业，住宿和餐饮业，机械和设备修理业，采矿业中的开采辅助活动，环境和公共设施管理业。

此外，产业类型的划分还具有其他分类标准。例如可以将产业按生产部门分为生产资料部门和消费资料部门；或者可以按生产要素的性质分为劳动密集型、资本密集型和技术密集型行业。但是，三次产业分类法是当今应用最广也最为人们普遍接受的方法。下面基于三次产业分类法来展开研究，按照三次产业的划分标准，产业结构的定义是指各个产业部门在国民经济中的构成关系；那么，产业结构的优化就是指一国或地区的经济发展结构重心逐渐由第一产业向第二产业发展，再由第一、二产业向第三产业转移的历史进程。产业结构的优化是国民经济发展水平高低的重要指标，是经济发展的方向和必然规律。产业结构发展水平的高低可以用各产业产值在国民经济总产值中的比重来衡量。

二、产业结构理论

(一) 产业演变相关理论

费希尔（Fishier）最早提出了三次产业分类方法，为以后的产业结构演变相关理论的发展做了铺垫。此后，威廉·配第（William Petty）提出了三次产业之间存在明显的收入差异，他认为经济发展过程中必然出现农业、制造业和商业劳动收入由少到多逐渐递增的趋势。在这两位学者研究的基础上，科林·克拉克（Clark，1940）提出了著名的配第—克拉克定理。他认为，受收入提高的驱动，劳动力会在三次产业之间由低到高进行转移，即由第一产业向第二产业流动，再由第一、二产业向第三产业流动。这一经济规律会随着经济发展水平的提高愈发明显。

真正现代意义上的产业演变理论是由美国著名经济学家库兹涅茨（S.Kuznets，1999）提出的，后来被学术界称为库兹涅茨法则。基于费希尔、威廉·配第和克拉克等人的研究基础，库兹涅茨首先通过考察各国历史数据资料，进行统计分析，验证了配第—克拉克提出的三次产业劳动力转移的规律。其次，提出了比较劳动生产率的概念原理。他发现，第一产业相对第二、三产业的劳动生产率会随着国民收入的增加呈现下降趋势；而第二、三产业的比较劳动生产率会随着国民收入的增加呈现逐渐上升的趋势。最后，库兹涅茨总结了各产业在国民生产总值中的比重随着人均国民生产总值的提高而发生结构变化的一般规律，尤其是服务业会逐渐成为所占比重最大的产业类型，并且成为吸收劳动力就业规模最大的产业，从而在国民经济中具有举足轻重的作用。因此，库兹涅茨法则更加完整地揭示了产业结构演进的过程，对产业结构的认识也更为深刻。

尽管库兹涅茨对产业结构演变的相关结论具有很强的理论意义，但是仔细研究可以发现，库兹涅茨及其前人的研究结果都是依据历史经验数据统计分析得出的归纳性结论，不能得出三大产业之间内在的关联机制和相互关系。为此，美国经济学家里昂惕夫构建了专门针对产业结构演变进行深入分析的投入产出法，而哈佛大学教授钱纳里基于该方法，并借鉴一般均衡方法和计量经济学模型，对产业结构演变进行了动态研究，最终构建起了一个标准的产业结构演变进程，从而使理论对实践具有更强的指导意义。

(二) 工业化进程相关理论

工业革命是人类社会生产力出现突飞猛进的发展，现代经济学也正是伴随着资本主义工业发展逐渐形成的，因此对于工业化进程相关理论的研究也相对丰富。德国霍夫曼（W.G.Hoffmann）就是其中的代表人物。其观点认为工业化发展的重心主要是由轻工业向重工业转移，即由消费资料生产为主向资本资料生产为主转变，这一规律或者比例变化被称为霍夫曼比例。

尽管这一发现具有创新性意义，但相对粗糙的结论使得其他学者不断对该理论进行了拓展和完善。譬如，日本学者盆谷佑一验证了霍夫曼定理并提出了新的观点。他认为，霍夫曼定理不仅在经济发展的重工业化阶段成立，而且在经济发展达到一定水平，产业结构趋于稳定的阶段，即消费资料生产部门与资本资料生产部门的比重关系不变，但是重工业化率仍然会逐渐上升。

基于配第、克拉克等人的产业演变理论，钱纳里通过构建多国产业结构的标准形式，对工业化发展进程进行了更为深入的研究。首先，钱纳里将工业部门分为早期工业，例如纺织、食品工业等，中期工业，例如橡胶、石油化工、木材加工等以及后期工业，例如机械制造、电子设备等。钱纳里（H.Chenery）和赛尔奎因（Syrquin M.）的研究认为，在工业化初期，劳动密集型产业占据主导地位，轻工业产品生产是工业发展的主要特征；而到了中后期阶段，重工业成为工业发展的主导。伴随着经济发展速度的快速提高，重工业发展可以分为两个阶段：前期以资本密集型工业和生产原材料为主，后期以技术密集型工业生产加工产品为主,即步入我们常说的后工业化阶段。当一国完成上述工业化进程,经济增长速度会呈现逐渐下降的趋势。钱纳里等人对工业化进程的理论性研究更加细致深入,能够更加全面地反映工业发展进程的演变规律。

(三)主导行业和服务业发展理论

产业结构理论除了产业结构演变和工业化进程理论之外,还包括针对产业结构演变进程中一些非常具体的行业,尤其是主导性行业的研究。例如,美国经济史学家罗斯托认为产业结构的演进以主导行业的更替为基本特征,并把产业演变分为6个主要阶段,分别是传统阶段、起飞前提阶段、起飞阶段、成熟阶段、高额群众消费阶段和追求生活质量阶段。与此相对应,罗斯托将除传统阶段以外的各个阶段的主导行业分类如下:起飞前提阶段为饮料、食品、水泥、烟草、砖瓦等部门;起飞阶段为以纺织为主的消费品制造等部门;成熟阶段为电力、煤炭、通用机械、肥料、钢铁等重型工业部门;高额群众消费阶段为城市建筑、汽车工业等部门。

伴随经济的发展,服务业占比越来越高,在国民经济中的地位已经超越了传统制造业。在服务业中,知识和信息产业日益成为第三产业发展阶段新的主导产业。从生产资料部门的角度看,物质生产部门的比重将快速下降,服务部门所占比重将快速上升,尤其是金融、IT、物流、通信等新兴领域以及管理服务、医疗服务、消遣娱乐等行业将占据社会经济发展的主流。同时,第三产业的内容和形式还在不断发展变化和创新过程中,并且对传统工业和农业部门产生了直接的影响。服务业发展逐渐成为经济社会发展的火车头,从而带动整个产业结构的演进、生产效率的提高,成为各个行业的主导。

三、产业结构演变的历史进程

(一)世界产业结构的发展历程

世界产业结构演进始于原始社会末期。但是,当时的生产力水平十分低下,没有从社会分工逐渐发展到国际分工,一直到资本主义生产方式确立之后,国际分工才逐渐发展起来。

1. 18 世纪开始的工业革命

机器的发明及应用使得社会生产力极大提高，社会分工逐渐加深。工业革命的发源地英国、法国等国家迅速发展，然而其他国家的工业化水平十分落后，经济的支柱仍是农业，这是资本主义世界格局的前期。

2. 20 世纪初开始的第二次工业革命

随着发电机的发明及应用，社会生产力显著提高，分工更为细化。第二次工业革命是在美国、德国和英国主要展开的，其他国家在这些国家先进技术的影响下，某些行业有了进步，然而国际分工仍然处于产业链低端，这是资本主义世界格局的中期。

3. 20 世纪 50 年代开始的第三次工业革命

随着新工业的诞生，如宇航工业、互联网、移动通信、微电子、核工业等发展，国际分工的形式发生很多变化，主要表现在：过程专业化、产品专业化以及零配件专业化等等。从此，任何一个发达国家都不可能生产出全部所需的产品。如今，发达国家基本是资本密集型产业和技术密集型产业为主，而发展中国家为劳动密集型产业主导。随着将来可能发生的第四次工业革命，世界各国产业的分工将更为细致和复杂。

应当说，第二次世界大战是世界产业格局变化的分水岭。第二次世界大战以后，世界整体的产业结构逐渐发展成熟。这一时期由于出现了大批民族独立和社会主义国家，世界经济格局发生了很大变化，国际分工也进一步延伸。发达国家在部门内实行了生产专业化。而发展中国家在国际分工中逐渐在改变自己不利的地位，并组成地区性的区域组织，形成区域内之间的国际分工。此外，第二次世界大战后，产业格局还出现了新的特点：第一，世界产业分工逐渐取代了城市与农村的传统分工，成为国际分工的主导形式；第二，以现代技术工艺为基础的国际分工逐渐取代了以自然资源为基础的国际分工；第三，产业部门内部分工逐渐取代产业部门间国际分工；第四，跨国公司协调的企业内部分工逐渐成为主导，而一国范围内的部门或企业间的分工占据次要地位；第五，水平型国际分工开始超越垂直型国际分工，成为主流。

第二次世界大战后，从世界产业格局尤其是从发展中国家或新兴市场国家角度讲，仍面临诸多问题和挑战。

第一，当前的世界产业格局，发达国家依旧占据主导地位。发达国家主要生产高技术、高附加值的产品，并在国际产业链中处于优势地位。但我们应当看到，发达国家的这种比较优势已经开始出现疲态，并逐渐被部分新兴市场国家追赶，国际分工地位有所下降。

第二，在低技术产品的生产领域，新兴市场国家具备了很强的竞争力；同时，在少部分高新技术产品中也具备一些竞争力。然而，这种竞争力仅仅在劳动密集型产品等低附加值行业上，例如产品的最终组装环节，在高技术含量和附加值的零部件等生产环节则存在明显劣势。近几年，某些新兴市场国家在高技术和附加值的零部件生产中逐渐具备了比较优势，在国际分工中的地位有所提升。

第三，发展中国家仍然没有完全融入世界主流产业内分工体系中，主要还是为其他国家提供初级产品。然而，发展中国家在低技术产品领域发展迅猛，部分国家的国际分工地位大幅度提高。

第四，新兴市场国家的产业竞争力虽然有所提升，但依然处在低技术和低附加值的产品生产阶段，很多关键技术和零部件的生产能力比较弱。然而，正是通过在低技术水平领域生产过程中的不断模仿、学习和进步，新兴市场国家才逐渐提高了自己的生产技术水平，迅速拉近了与西方发达国家的差距。

然而，自20世纪90年代到现在，世界经济格局出现了一些新的变化趋势。比如，经济全球化进程加快、互联网信息化时代来临、知识经济的地位逐渐上升、全球贸易外包体系逐渐形成等，都使得世界经济格局尤其是产业分工出现了新的变化。如今，全球化使得世界经济在全球范围内进行资源重组、效率提高、成本下降，经济出现更多新的活力。在这样大的趋势和背景下，世界逐渐形成了与之相匹配的新的国际产业分工格局。一是随着国际贸易量快速增加，国际分工的规模逐渐增大；二是国际分工的模式有了新的变化和形式。随着世界产业格局的不断发展和变化，世界各国的产业结构也在随着变动，在国际分工体系中的位置也逐渐变化。全球经济一体化进程中，世界各国均在经济结构和产业结构调整方面做出努力；同时，产业转移频繁发生在国与国之间。值得注意的趋势是，发达国家的经济主导逐渐由实体经济向虚拟经济转换，并以金融、科技为支柱产业的经济模式已经显现。在这些领域，新的高附加值和高技术产品层出不穷，对研发、设计和服务业人员产生了大量需求，相应的其他行业必将逐渐转移到生产成本较低的发展中国家。

目前，世界产业结构格局逐渐分为两级：第一等级是以美国、欧洲和日本为首的发达国家，主要生产或提供金融产品、资本密集型产品、高级技术与附加值的最终消费品等等，第三次科技革命后，发达国家进入了信息化时代，并逐渐成为经济主流；第二等级是以中国、印度、俄罗斯、巴西、南非即"金砖五国"为代表以及众多具有发展潜力的新兴市场国家，这些国家在国际分工中广泛生产劳动密集型产品，但在这一过程中产业资本和技术迅速提升，经济飞速发展，逐渐赶超发达国家并对目前世界经济格局产生越来越重要的影响，正在成为世界经济的中流砥柱和重要力量，对世界经济发展的贡献度也越来越大。

(二) 中国产业结构的发展进程

中华人民共和国成立到改革开放以前，我国主要是以农业为主的发展中国家，工业化进程虽然取得了一定进展，但始终处于较低发展水平。改革开放后，中国经济在世界上占据了领头羊地位，产业结构升级加快，市场环境不断完善，服务业比重也在逐渐提高，尤其是服务业占比取得了质的提高。

根据钱纳里 (1989) 得出的经济增长与产业结构的规律：随着 GDP 提高，农业比重会持续下降，制造业会不断上升，但在工业化完成后会不断下降；服务业比重则会持续上涨。我国产业结构的发展基本符合国际产业结构变化的趋势。然而，尽管我国产业结构演进和发展取得了一定的成就，但问题依然突出。

首先，重复性产业建设。在产业结构升级的全国性政策下，我国的各个地方制定的产业布局战略大同小异，缺乏差异性，造成了重复建设，资源耗费严重。一些经济发达的地区，在面对要求对原有劳动密集型企业进行产业升级的相关政策时，都直接淘汰传统产业，而对"高新技术产业趋之若鹜，忽略两者之间的关系，这使得全国的产业发展断层，各地产业结构不均衡性进一步拉大。

其次，产能过剩问题突出。在我国，无论是传统的产业结构划分，还是劳动、技术和资本密集型划分，都是不合理的，实际上产能均面临不同程度的过剩问题。在 2008 年的金融危机影响下，产业结构变得更加不合理。第一，外需行业产能过剩问题严重，不仅包括纺织品，服装，鞋饰等低端产品，还有光伏太阳能等高端产品；第二，有色、建材、钢铁、化工等传统行业产能过剩，但在建项目仍规模过大；第三，部分新兴行业同样有着产能过剩问题。虽然新兴的产业在我国处于刚开始发展的阶段，但是大量的投资使得新兴产业迅速发展远远超出了对新兴产业的需求，因此隐形产业也出现了大量的增长。

最后，投资增长过度依赖政策拉动。国有企业占据我国企业总数的很大的一方面，在政府对于国有企业的投资中，国有企业的规模不断扩大，使得国有企业在竞争中能够具备很大的优势。民营企业以及外资企业不能在竞争中获利，只能在夹缝中生存。但是，国有企业并不能对我国经济的发展产生完全的积极影响，造成社会资源的浪费。国家对于国有企业的政策性保护使得他们在竞争中独占鳌头，丧失了威胁的后果就是我国的产业升级不能取得很好的效果。

四、产业结构演变的趋势分析

产业结构演变的总体趋势是从低级向高级、从传统产业向新兴产业转变。这一过程伴随着产业结构的不断优化和升级，最终实现经济的高质量发展。

从工业化发展的阶段来看，产业结构的演变经历了前工业化时期、工业化初期、工业化中期、工业化后期和后工业化时期几个阶段。每个阶段都有其独特的特点和规律，例如在前工业化时期，农业占据主导地位；随着工业化的推进，工业逐渐成为主导产业；最终，服务业和信息产业成为经济发展的主要驱动力。

具体来说，产业结构的演变表现出以下几个主要趋势：

从第一产业向第二、三产业转变，随着经济的发展，第一产业（主要是农业）的比重逐渐下降，而第二产业（工业）和第三产业（服务业）的比重逐渐上升。

从劳动密集型向资本、技术密集型转变，随着技术的进步和资本的积累，劳动密集型产业的比重减少，而资本密集型和技术密集型产业的比重增加。

传统产业向新兴产业转变，传统产业逐渐被新兴产业所替代，例如信息技术、生物技术、新能源等高科技产业成为经济发展的新动力。

以我国为例，改革开放以来，我国产业结构经历了显著的变化。农业、工业和服务业三大产业的规模不断扩大，产业结构逐步由"二一三"向"三二一"转变，服务业的比重显著提升。特别是进入 21 世纪以来，高新技术产业和现代服务业快速发展，使得产业结构进一步优化和升级。

第二节　产业结构与区域经济发展探究

一、产业结构与区域经济发展关系

产业结构与区域经济发展之间存在着显著的正向关系。产业结构优化将极大地促进一个国家或地区的经济发展，通过合理化和高度化调整产业结构，可以推动朝阳产业的成长，从而提高产业附加值，促进经济的良性发展。

产业结构的合理化是指根据消费需求和资源条件，对初始不理想的产业结构进行调整，理顺结构，使资源在产业间合理配置和有效利用。这种调整可以解决短期和长期的经济发展问题，确保经济系统的持续创新能力。

产业结构的高度化则是指随着经济技术的进步，资源利用水平不断提高，朝阳产业的成长，高效产业部门比重增加，从而显示出巨大的持续创新能力，推动经济系统的持续发展。

区域经济的韧性也与产业结构密切相关。适应性是区域经济系统对短期冲击的响应过程，而适应能力则是创造新的或改变旧的行为者、机构和资源的能力。多样性经济由于具有较多不同类型的产业，可以通过知识外溢分散风险，更好地适应冲击。

区域经济发展的差异性也受到产业结构的影响。不同地域的经济增长水平不同，影响因素包括资本、劳动、制度、技术、人文和地域因素。这些因素在不同地域的实际情况下会影响产业创新和经济发展。

二、产业结构与区域经济协同发展的内在逻辑

(一) 产业结构是区域经济的基础

产业结构作为经济体系内部各产业之间的比例关系及其变化形态直接决定了区域经济的结构特征和发展水平。合理的产业结构能够促进资源有效配置，提高生产效率，为区域经济持续增长提供坚实支撑。

(二) 区域经济影响产业结构调整

区域经济的总体规模、发展水平、资源禀赋、市场需求及政策环境等因素，对产业结构的形成与调整具有重要影响。区域经济的发展水平决定了产业结构升级的方向和速度，而产业结构的优化又能进一步推动区域经济向更高层次迈进。

三、产业结构与区域经济协同发展的实现机制

(一) 产业链延伸与集群发展

通过产业链上下游的延伸和关联产业的集聚形成产业集群效应，促进资源共享、技术创新和市场拓展，实现产业结构的优化升级与区域经济的协同发展。产业集群不仅增强了产业的竞争力，还带动了周边地区的经济发展。

(二) 政策引导与支持

政府通过制定产业发展规划、税收优惠、财政补贴、金融支持等政策措施，引导和支持产业结构调整升级，促进区域经济的协调发展。政策引导能够有效激发市场活力，优化资源配置，加速产业结构与区域经济的深度融合。

(三) 市场机制与资源配置

市场机制在产业结构与区域经济协同发展中发挥着基础性作用。通过价格机制、供求机制、竞争机制等方式引导资源向高效益、高附加值产业流

动，促进产业结构优化和区域经济结构优化升级。

三、面临的挑战

(一) 产业结构同质化

部分地区在追求经济快速增长的过程中，忽视自身特色和优势，盲目跟风发展相同或相似的产业，导致产业结构同质化严重，资源浪费和恶性竞争。

(二) 区域间发展不平衡

由于地理位置、资源禀赋、历史基础等因素的差异，区域间经济发展水平存在较大差距，导致产业结构与区域经济协同发展的难度增加。

(三) 创新能力不足

创新能力是产业结构升级和区域经济协同发展的重要驱动力。然而，当前部分地区和企业存在创新能力不足的问题，难以支撑产业结构的持续优化和区域经济的长远发展。

四、策略建议

(一) 明确区域定位，发展特色产业

1. 精准识别资源禀赋

每个区域都拥有独特的自然资源、人文历史、技术积累等要素，这些构成了区域发展的基础。明确区域定位的首要任务，便是深入分析和精准识别本地的资源禀赋。通过科学评估，确定哪些资源具有比较优势，能够转化为产业发展的核心竞争力。例如：矿产资源丰富的地区可重点发展采矿业及其深加工产业；旅游资源丰富的地区则可大力发展旅游业及其配套服务。

2. 立足产业基础，培育优势产业

在明确资源禀赋的基础上，各地区需要进一步审视自身现有的产业基础。通过梳理产业链条，识别出具有发展潜力和市场竞争力的产业环节，作

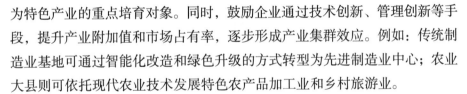

为特色产业的重点培育对象。同时，鼓励企业通过技术创新、管理创新等手段，提升产业附加值和市场占有率，逐步形成产业集群效应。例如：传统制造业基地可通过智能化改造和绿色升级的方式转型为先进制造业中心；农业大县则可依托现代农业技术发展特色农产品加工业和乡村旅游业。

3. 紧跟市场需求，灵活调整策略

市场需求是产业发展的最终导向。各地区在明确区域定位和发展特色产业时，必须紧密关注市场动态和消费者偏好变化，及时调整产业发展策略。通过市场调研和数据分析，准确把握市场需求趋势，引导企业开发新产品、拓展新市场，确保特色产业始终保持在市场竞争的有利位置。

(二) 加强区域合作，实现优势互补

1. 构建区域合作机制

区域间的经济合作需要建立稳定有效的合作机制作为保障。各地区应积极参与区域合作组织的建设，通过签订合作协议、建立联席会议制度等方式，加强政策沟通、信息共享和利益协调。同时，鼓励企业、高校、科研机构等多元主体参与区域合作，形成政产学研用深度融合的创新体系。

2. 推动产业链上下游协同发展

产业链上下游的协同发展是实现区域经济一体化的重要途径。各地区应围绕主导产业和特色产业构建完整的产业链条，促进上下游企业之间的紧密合作和协同发展。通过优化资源配置、共享技术成果、协同开拓市场等手段，提升整个产业链的竞争力。同时，鼓励企业开展跨区域合作，实现生产要素的自由流动和高效配置。

3. 实现优势互补和资源共享

不同区域在资源禀赋、产业基础、技术水平等方面存在差异，这种差异为区域间的优势互补和资源共享提供了可能。各地区应充分发挥自身优势，通过合作实现资源的优化配置和高效利用。例如：技术领先地区可向技术落后地区输出先进技术和管理经验；资源富集地区可与资源匮乏地区开展资源互换和联合开发；市场广阔地区则可为产品输出提供有力支持。

(三) 提升创新能力，培育新兴产业

1. 加大科技研发投入

创新是引领发展的第一动力。为加速产业结构升级，必须持续加大科技研发投入，形成政府引导、企业为主体、市场为导向、产学研深度融合的技术创新体系。政府应设立专项基金，支持关键核心技术攻关和基础研究，鼓励企业增加研发投入，特别是面向未来的前沿技术和颠覆性技术的探索。同时，通过税收优惠、研发补贴等政策手段，激发企业和科研机构的创新活力。

2. 鼓励企业技术创新和转型升级

企业应成为技术创新的主力军。政府应出台更多激励措施，如设立创新奖励、提供创新融资支持等，鼓励企业加大研发投入，开展技术创新活动。同时，引导企业加强内部管理，优化资源配置，推动传统产业技术改造和转型升级，向价值链高端攀升。此外，还应鼓励企业加强国际合作，引进消化吸收再创新，提升国际竞争力。

3. 培育战略性新兴产业和高新技术产业

战略性新兴产业和高新技术产业是产业结构升级的重要方向。政府应根据区域资源禀赋和比较优势，科学规划布局，重点发展新一代信息技术、生物技术、新能源、新材料、高端装备等战略性新兴产业。通过建设产业园区、孵化器、加速器等平台，聚集创新资源，形成产业集群效应。同时，加大对高新技术企业的培育和支持力度，促进科技成果的转化和产业化，为区域经济发展注入新动能。

(四) 完善政策体系，优化发展环境

1 建立健全促进产业结构与区域经济协同发展的政策体系

政策是引导产业发展的重要手段。政府应制定和完善一系列政策措施，包括产业政策、财政政策、税收政策、金融政策等，形成系统完备、协同高效的政策体系。这些政策应紧密围绕产业结构升级和区域经济协同发展的目标，明确重点支持领域和方向，细化政策措施和操作细则，确保政策的有效落地和执行。

2. 优化营商环境

营商环境是企业生存发展的土壤。政府应不断深化"放管服"改革，简化审批流程，提高审批效率，降低企业制度性交易成本。同时，加强知识产权保护，维护市场公平竞争秩序，营造尊商重商亲商的良好氛围。此外，还应加强基础设施建设，提升公共服务水平，为企业发展提供坚实支撑。

3. 降低企业成本

降低企业成本是提升竞争力的关键。政府应通过减税降费、降低社保费率、优化能源价格等方式，切实减轻企业负担。同时，鼓励金融机构加大对中小企业的信贷支持力度，降低融资成本。此外，还应加强人力资源开发，提高劳动力素质，降低企业用工成本。

4. 提高政府服务效率

政府服务效率直接关系到产业发展的速度和质量。政府应加快数字化转型步伐，利用大数据、云计算等现代信息技术手段提升政务服务水平和效率。同时，建立健全政府服务评价和监督机制，以确保政策措施的有效执行和落地见效。

产业结构与区域经济的协同发展具有坚实的内在逻辑和可行的实现机制。面对挑战，需采取有效措施，明确区域定位、加强区域合作、提升创新能力、完善政策体系，以推动产业结构优化升级和区域经济协调发展。

结束语

在深入探讨"经济管理探索与工商管理实践应用"这一广阔领域的旅程即将画上句点之际，我们不禁回望那些引领我们穿越理论与实践交织密林的智慧之光。本书不仅是一次对经济管理理论前沿的深刻挖掘，更是一场将抽象概念转化为具体行动指南的实践盛宴。在此，让我们共同总结这段探索之旅的精髓，展望未来的发展方向。

经济管理理论的探索是构建现代商业社会基石的重要过程。从古典经济学的奠基之作，到现代管理理论的百花齐放，每一次理论的突破都极大地丰富了我们对经济规律和管理艺术的理解。本书通过系统梳理这些理论的发展脉络，不仅让我们看到了知识积累的厚重与传承，更激发了我们对未知领域的无限遐想。理论探索的意义在于它为我们提供了分析问题、解决问题的框架和工具，使我们在复杂多变的市场环境中能够保持清醒的头脑和敏锐的洞察力。

如果说理论是灯塔，那么实践则是航船。本书通过大量鲜活的工商管理实践案例，将理论知识生动地展现在读者面前。这些案例涵盖了组织战略管理、市场营销、人力资源管理、财务管理等多个方面，不仅展示了成功组织的辉煌成就，也深刻剖析了失败背后的原因与教训。实践应用的展示让我们深刻地认识到，理论只有与实际相结合才能焕发出强大的生命力。同时，这些案例也为我们提供了宝贵的经验和启示，指导我们在未来的工作中如何更加有效地运用管理知识推动组织的持续健康发展。

面对快速变化的市场环境和日益激烈的竞争态势，经济管理与工商管理实践必须不断创新，以适应新的发展需求。本书在探索与实践中，始终强调融合与创新的重要性。一方面，我们要不断吸收国内外先进的管理理念和方法，丰富和完善自身的知识体系；另一方面，我们还要勇于实践，敢于尝试新的管理模式和策略，以创新驱动发展。只有这样，我们才能在激烈的市场竞争中立于不败之地，为组织和社会创造出更大的价值。

　　随着"经济管理探索与工商管理实践应用"这一主题探索的结束，我们收获的不仅仅是知识，更是对经济管理领域深刻而全面的认识。这段探索之旅虽然告一段落，但我们的学习和实践之路却永无止境。让我们带着这份收获和感悟，继续前行在经济管理与工商管理的广阔天地中，用智慧和汗水书写更加辉煌的篇章。未来已来，让我们携手并进，共创美好未来！

参考文献

[1] 杨巧峰.目标成本管理在企业经济管理中的应用 [J].商场现代化，2024（21）：113-116.

[2] 许根.经济管理中的统计学 [J].云端，2024（39）：115-117.

[3] 马珂.供应链背景下企业工商管理的经济结构转型 [J].今日财富，2024（28）：128-130.

[4] 黄驿童.经济新常态背景下企业工商管理的创新策略探讨 [J].今日财富，2024（28）：98-100.

[5] 张兴红.经济新常态下企业工商管理创新思考分析 [J].中国战略新兴产业，2024（27）：188-190.

[6] 花玮.工商管理对会展行业经济发展的促进探究 [J].中国会展，2024（17）：72-75.

[7] 张彬.新时代事业单位工商管理工作方法创新 [J].活力，2024，42（17）：178-180.

[8] 韩琳.经济学视角下的企业经济管理与企业成长理论辨析 [J].商场现代化，2024（20）：129-131.

[9] 童晓琼.现代企业会计与工商管理模式的问题研究 [J].商场现代化，2024（20）：183-185.

[10] 宋苗苗.中小型电商企业的经济管理风险优化研究 [J].商场现代化，2024（20）：51-53.

[11] 李红威，段振鑫.市政集团工商管理职能优化路径分析 [J].今日财富，2024（27）：68-70.

[12] 曲燕.企业数字化转型与工商管理创新的实践 [J].中国战略新兴产业，2024（26）：172-174.

[13] 张保国.网络经济时代电子商务对工商管理创新的作用 [J].商场现代化，2024（19）：49-51.

[14] 刘晓珍.经济新常态下企业工商管理的发展策略研究 [J]. 商场现代化，2024(19)：131-134.

[15] 吴勇，田翠.新形势下企业经济管理的创新策略 [J]. 商场现代化，2024(19)：135-138.

[16] 袁莹莹.现代企业经济管理存在的问题及对策研究 [J]. 商场现代化，2024(19)：143-145.

[17] 吴雅茜.信息技术支持对企业经济管理的推动作用分析 [J]. 中国集体经济，2024(25)：69-72.

[18] 霍嘉锐.新形势下企业经济管理创新发展探究 [J]. 贵州农机化，2024(03)：29-32.

[19] 罗畔.新时代企业经济管理的优化路径研究 [J]. 商场现代化，2024(18)：116-118.

[20] 许少丽.新形势下企业经济管理创新的必要性及策略探究 [J]. 中国集体经济，2024(24)：45-48.

[21] 甘明星.当前企业经济管理策略的调整与优化 [J]. 中国经贸导刊，2024(10)：16-18.

[22] 黄丹.目标成本管理在企业经济管理中的应用探讨 [J]. 环渤海经济瞭望，2024(08)：80-82.

[23] 郑锐.新常态下企业经济管理改革路径考量 [J]. 中国战略新兴产业，2024(24)：194-196.

[24] 王珍琪.经济结构转型发展下工商管理模式改革研究 [J]. 今日财富，2024(24)：50-52.

[25] 张红岩.新时代工商管理对经济发展的促进作用探寻 [J]. 今日财富，2024(24)：32-34.

[26] 罗丕.数字经济时代企业工商管理的发展路径研究 [J]. 老字号品牌营销，2024(16)：66-68.

[27] 廖萌.加强经济管理助力企业可持续发展 [J]. 中国商界，2024(08)：19-21.

[28] 耿雨婕.数字经济时代企业工商管理的优化策略 [J]. 上海企业，2024(08)：66-68.

[29] 张海兰.探究事业单位工商管理的现状及改进策略 [J]. 乡镇企业导报，2024(15)：63-65.

[30] 刘蓓.企业如何在经济管理中实现创新与实践双赢 [J]. 中国商人，2024(08)：38-39.

[31] 莫田梅.数字化如何促使企业工商管理转型 [J]. 中国商人，2024(08)：248-249.

[32] 郭婷婷.新形势下国有企业经济管理如何实现创新 [J]. 中国商人，2024(08)：250-252.

[33] 陈映波.企业经济管理中目标成本管理的应用研究 [J]. 商业2.0，2024(22)：19-21.

[34] 郭军政.企业经济管理中的目标成本管理应用研究 [J]. 商讯，2024(15)：88-91.

[35] 蒋俊敏.大数据背景下企业数据资产管理与规划探析 [J]. 乡镇企业导报，2024(14)：90-92.

[36] 孟照艳.企业工商管理中存在的问题及优化策略 [J]. 商场现代化，2024(17)：108-111.

[37] 蒋艳丽.经济新常态下企业经济管理的创新策略研究 [J]. 江苏科技信息，2024，41(14)：40-42+46.

[38] 张栋.低碳背景下制造企业经济管理创新发展路径探索 [J]. 现代工业经济和信息化，2024，14(07)：144-146.

[39] 王靖.新形势下化工企业经济管理的创新举措 [J]. 有机硅材料，2024，38(04)：97-98.

[40] 柯益琴.事业单位工商管理与服务质量提升的关系探讨 [J]. 财讯，2024(14)：25-27.

[41] 肖博文，刘继伟.经济新常态背景下对企业经济管理的审视与突破 [J]. 老字号品牌营销，2024(14)：162-164.

[42] 王世梅.企业人力资源经济管理的创新路径探讨 [J]. 企业改革与管理，2024(13)：64-66.

[43] 张树民.新时代事业单位工商管理工作方法的创新路径 [J]. 财经界，2024(21)：33-35.

[44] 张红岩.事业单位工商管理中的团队协作研究 [J].商讯，2024(14)：164-167.

[45] 王玉琴.事业单位工商管理现状研究及改善对策分析 [J].乡镇企业导报，2024(11)：194-196.

[46] 刘月玲.事业单位工商管理工作方法的创新策略研究 [J].商讯，2024(12)：159-162.

[47] 李征.探究工商管理在事业单位发展中起到的作用 [J].市场瞭望，2024(11)：144-146.

[48] 陈燕勤.工商管理在事业单位管理中的应用分析 [J].活力，2024，42(10)：154-156.

[49] 刘明杰.新时代事业单位工商管理工作方法创新 [J].今日财富，2024(14)：25-27.

[50] 赵丹.探析事业单位工商管理存在的不足及改善策略 [J].活力，2024，42(08)：169-171.

[51] 殷鹏鹏.探析工商管理在事业单位发展中的应用与未来发展方向 [J].乡镇企业导报，2024(07)：30-32.

[52] 孝甜.经济结构转型促进事业单位工商管理发展的思考 [J].商讯，2024(04)：163-166.

[53] 张敏.新时代事业单位工商管理工作方法创新 [J].今日财富，2024(04)：38-40.

[54] 王娟.工商管理在事业单位中起到的作用与发展趋势 [J].市场周刊，2024，37(03)：135-138.

[55] 王爱俊.事业单位工商管理人才的能力要求以及培养模式分析 [J].商讯，2024(01)：179-182.

[56] 阮伟伟.新时代事业单位工商管理工作方法创新 [J].中国合作经济，2023(10)：69-70.

[57] 李正学.探讨事业单位工商管理的现状及改进策略 [J].财经界，2023(27)：30-32.

[58] 赵娜.新时代事业单位工商管理工作方法创新 [J].财经界，2023(21)：51-53.